私がずっと好きなもの

衣 ＊ 食 ＊ 住の宝物

引田かおり

はじめに

　昔の大人たちは忙しかったと思います。電子レンジのような便利な電化製品もなくて、外食が本当に特別な事だったから毎日の夕飯の買い物に行くのがあたり前。お正月の三が日は見事にどこもお店が開いていないので、どこの家庭も必要にせまられて年末からせっせとおせち料理を作っていました。その上うちは商売をやっていて、住み込みのお姉さんが常時5〜6人いましたがどんな時も大人たちは自分の事で手いっぱいでした。

　そんな環境で育った私はこれ以上迷惑をかけてはいけないと勝手に決め込み、とりあえずニコニコ、はきはきし、どうすれば大人たちに喜んでもらえるかを一番に考えるませた子供になっていました。大人になってみると自分の本当の気持ちを最優先させるという事が本当に苦手で、「なに食べたい？」って聞かれても相手の胸の内を想像して答えるようなややこしい性格になってしまっていました。

　これでは自分というものが実体のない他人の影みたいじゃないかと思い、意識して自分の本当の気持ちを優先させる練習をしました。今ではそれがすっかり身に付き、きっぱりはっきりとした性格に磨きがかかりました。そして「これが好き」「こうしたい」という気持ちをようやく言えるようになってからは、思いがけず新しい扉がどんどん開き、パン屋やギャラリーをやったりしています。

　「永久定番のようなものを紹介する本を作りませんか？」とお話をいただいて、自分の身のまわりにあるものたちを見直してみました。自分の中でピンときて買ったり使ったりしているものもあるけれど、ギャラリーを始めてから出会った人たちとのご縁で知る事ができたものがたくさんありました。自分の「気持ちいい」や「美味しい」を大切に、正直に選んで行く事で暮らしが豊かになる事を実感している毎日です。

引田かおり

目次　　　3　はじめに

1章　暮らす

10　四角い琺瑯容器
12　SPOONFULの黄色いボウル
14　リネンのクロス
16　ガラスの脚付きケーキ台
18　かご
20　貝印の米とぎボウルセット
22　まな板
24　白い器
28　万能ハサミ
30　雲棚
32　消臭富士山
34　鹿児島睦のお皿
36　セブン-イレブンのシンプルなBOXティッシュ
38　イイノナホのkamisama
40　炭と水晶
42　イケアの特大キャンドルホルダー
44　スタンダードトレードのチェスト
46　タミゼの古いお皿
48　斉藤衛さんのロースツール
50　タオル
52　安眠ベッド

54	額装の絵
56	ライト
58	花束
60	自転車
62	家のモチーフ

2章　装う

68	ワンピース
70	帽子
72	靴
74	春夏 秋冬のハンカチと香り
76	ジャケットとコート
78	J&Mデヴィッドソンのベルト
80	ボッテガ ヴェネタのバッグ
82	靴のネックレス
84	時計
86	野上さんのストール
88	キャンバストートバッグ
90	ニューバランス
92	マチ子さんのパンツ
94	白クマトート
96	靴下
98	パジャマ
100	春夏 秋冬のアンダーウェア

3章 食べる

- 106　調味料いろいろ
- 108　野菜の配達
- 110　ポールジローのブドウジュース
- 112　お茶いろいろ
- 114　山本道子さんのプラム
- 116　おにぎりの具材
- 118　オーガニックのハチミツ
- 120　かえるちゃんのカステラ
- 122　tatinのチーズケーキ
- 124　バナナケーキ
- 126　シフォンケーキ
- 128　パンケーキミックス
- 130　made by 姉

　　　……………

- 132　fève弁
- 134　日々ご飯

4章 ビューティー&ヘルス

- 138　マッサージオイル
- 140　イトオテルミー
- 142　ドモホルンリンクル
- 144　酵素シロップと石けん
- 146　ピラティス

148	入浴剤
150	ハンドクリーム
152	電動歯ブラシと歯磨き粉
154	のどスプレー
156	ヘアメイクのくじらちゃん

5章 贈りもの

160	包丁研ぎ
162	アイピロー
164	腹巻き
166	ベビーキルト
168	木下宝さんのピッチャー
171	掲載した商品・作品の問い合わせ先

コラム

64	仕事
102	学ぶ
103	姉のいろいろ
136	愛犬トト
158	結婚
170	子育て

―― 1章 ――

暮らす

小さい頃から部屋の模様替えが大好きで、
インテリア雑誌や不動産物件のチラシをよく見ては、
理想の暮らしを夢見ていました。
そんな私の暮らしのなかでずっと一緒だったもの、
試行錯誤して行き着いたもの、
選りすぐって使っている大切なものたちを紹介します。

シンプルなデザインは出しても、しまっても優秀

四角い琺瑯容器

　丸と四角、どっちが好き？　って聞かれたらやっぱり四角だと思います。小さい頃から四角が好きで、無意識に丸いものよりも多く選んでいました。

　修学旅行で永平寺へ行ったのは高校生の時。そこで見た修行僧たちの一糸乱れぬ読経の響きは今でも忘れられません。ちょうどその頃、実家の商売や両親との関係に不安を感じていたので、自分の無力さを思いながら、どうやったら心が波打つことなく、強い自分になれるんだろうと考えていました。その答えを永平寺の雰囲気から見つけられた気がして、これから「平常心」というものを目指し、これを磨いて大人になろうと誓ったのを覚えています。

　それからクールな自分を装って生きてきたけれど、肝心の「平常心」にはまったく磨きがかからず、ちょっとした事でおろおろとうろたえてしまう自分がいます。いくつになってもそれは変わらず、心配性で気が小さいのが私なのです。最近になって人として少しまぁるくなれてきたのはいい事だけれど、やっぱり私はいつまでも、まっすぐな線や四角い形に憧れている気がします。

　そして私好みの四角い形の琺瑯容器を教えてくれたのは、時間の経過で美味しくなるものを得意とする料理人のオカズデザイン。たくさん作ったポテトサラダやきんぴらを入れたり、イカと里芋の煮ものを容器に移して味をしみ込ませたり。冷蔵庫のなかでそのたたずまいはなんとも凛々しい。この倉敷意匠計画室のシンプルな琺瑯容器は、収納力はもちろん、そのままテーブルへ出してもほかの皿に溶け込むので、本当に使い勝手がよいのです。日用品はやっぱり四角が好きだけど、自分はそろそろクールな殻を破って、よく笑ってよく泣く家人のようになりたいと思っています。

倉敷意匠計画室 ◆ 岡山県倉敷市を拠点に活動している雑貨メーカー。

ほんの少し日常に色があるだけでトキメキます

SPOONFULの黄色いボウル

　基本的にキッチンまわりは白やステンレスですっきりとそろえたいほう。やっぱり統一感がある空間が私の居心地のいい場所なんです。でも最近開眼したのが「色」のパワー。ちょっとだけ赤や黄色があるだけでその色が放つパワーを感じる事ができ、心なしか空間がエネルギッシュになるように感じるんです。ブログの写真や取材を受けたページを見ても、少しだけ色があるのとモノトーンなのとではぜんぜん印象が違って見えます。

　長年のバイヤー経験を生かして、北欧雑貨のネットショップ「SPOONFUL」を立ち上げたおさだゆかりちゃん。サクサク仕事ができてサバサバした性格のゆかりちゃんがはじめてギャラリーにきてくれたのは10年前の事。私にしてはめずらしく最初から意気投合し、恥ずかしながら緊張体質の私ですが、今では二人でご飯に行ける仲になりました。

　SPOONFULとは毎年展らん会やイベントをやっていて、どの展示にも暮らしに取り入れたい素敵なものが並びます。その展らん会で出会ったのが黄色いプラスチックのボウル。三つ並べてジャガイモやピーマン、なすやズッキーニが入っていると、それはもう幸せな気分。色のパワーって本当にすごいなって思います。

　でもここで大切な事は、上品ないい色を選ぶ事。言葉でうまく説明するのは難しいけれど、自分が感じる「上品」をキーワードに選べば、色があってもごちゃごちゃせずにうまくまとまる気がします。ちょっと迷う買物や、日頃は絶対選ばない色があった時はチャンスです。たまには品のいいきれいな明るい色を選んでみませんか？

SPOONFUL（スプーンフル）◆ 北欧の伝統的なハンドクラフトや北欧モダンを感じさせるアイテムをそろえる雑貨店。オンラインショップと隔週土曜日に予約制のショップを運営。

使い心地、デザインなど、日本の手仕事の細やかさに驚きました

リネンのクロス

　ハンカチもブラウスもシーツも枕カバーだって気持ちがいいものはやっぱりリネン。昔のヨーロッパでは嫁ぐ娘にリネンの反物やイニシャルの刺繍を入れたクロスをたくさん持たせたのだそうです。貴族のお屋敷にはリネンを保管しておく専用部屋があったらしく、その歴史や物語はとても興味深いです。

　ヨーロッパに負けずとも劣らない素晴らしいリネンを織る会社が日本にもあることをご存知でしょうか。それは富士吉田にある「オールドマンズテーラー」。伝統の柄で質のいいキッチンクロスやストール、タオルやベッドカバーなど、洗練されたデザインのアイテムを作っています。もともとはオーナーのご実家がネクタイを作る家業だったそうで、その機械でリネンが織れるようになるまで何年も試行錯誤をしたとの事です。あきらめないで織られたリネンは地元や親戚の方々の協力で洗いをかけ、刺繍を入れて、ものによっては布団屋さんがクッションや昼寝のマットにして仕上げてくれます。でき上がった上質なリネンは、吸水性はもちろん、耐久性も抜群。我が家のキッチンクロスやハンカチはここのリネンでそろえています。

　最近では日本の繊細なもの作り魂が再び世界で注目されています。改善や改革、いいものを生み出したいという日本人の遺伝子が若い人たちにもちゃんとあって、誇らしげに仕事をしている姿は本当にカッコいいと思いました。

オールドマンズテーラー ◆ 糸、生地、デザイン、仕立てなど、全ての工程を自分たちの手で行ない、日本の技術を駆使して商品を生み出している。

使ってみたら思いのほかよかったりして……

ガラスの脚付きケーキ台

　いいな、と思いながらも使いこなす自信がなかった脚付きのケーキ台。ホールのケーキをのせたとしてもお楽しみは切り分ける前のほんの一瞬の事。なくてもなんとかなるものですし、北欧の催事やパリの蚤の市企画でもよく目にしましたが、取り入れるきっかけが中々つかめないままのものでした。
　それがある寒い冬の日に訪れたイベントで感動の風景を目にする事になります。美味しい野菜のランチイベントだったのですが、白い和水仙があちらこちらにそれは美しく飾られていて、特にふちに立ち上がりのあるガラスのケーキ台に球根のまま盛られた水仙は本当に美しくて、「そっかぁ、食べ物じゃなくてもいいんだ」と目からウロコの瞬間でした。そして同じようにやってみたいとワクワクしました。
　まずは小さめのケーキ台を買って練習。「CINQ」で買ったアンティークものに球根付きの水仙やムスカリ、原種のチューリップを飾って楽しんだあとは焼き菓子やチョコレートをのせて一人カフェ気分。大きいほうは山野アンダーソン陽子さんのものをマーガレットハウエルのお店で購入しました。種類の違うブドウを房ごとのせればまるでセザンヌの静物画みたいになります。
　ものがあふれる暮らしのなかで今あるものをやりくりして慎ましく暮らして行こうと思った時もあったけれど、使ってみたい、着てみたい、食べてみたいっていう欲望はとっても大切。素晴らしいものや、心がこもったものは本当に感動します。頭をやわらかくしてこれからもいろんなものを素敵に取り入れて行きたいなと思っています。

CINQ（サンク）◆雑貨、セレクトショップ。お店の名前はフランス語で数字の「5」という意味。
山野アンダーソン陽子◆2001年に陶芸作家、ガラスデザイナーのインゲヤード ローマンに師事。「YOKO YAMANO」を立ち上げ、スウェーデンを拠点に活動中。

18

デザイン、サイズ違いなど、さまざまなものを使い分けて

かご

　かごが好きです。世界中で今日も誰かがかごを編んでいると思ったらなんだかワクワクしませんか？縄文の頃から人がくり返してきた手仕事の一つで、王様に献上するために編まれた美しい工芸品からビニールひもで編まれるカラフルなものまで、時代を経ても変わらない〝編む〟という作業。欲しい気持ちに終わりが見えず、どんどん増えるかごですが、アケビの大きな四角いかごに文房具をまとめてかごごと移動できるスタイルにしたり、パレスチナで作られた大きなオリーブのかごにはペットボトルなどの資源ごみを入れたり、いろんな使い方を考えるのも楽しい時間です。

　『日本のかご』の著者、小澤典代さんや国立のカゴアミドリの伊藤さんとの出会いで実現したギャラリーfèveのかご展。この展示をきっかけにかごを取り巻く状況は年々厳しくなっている事を知りました。材料不足や編む方たちの高齢化は深刻です。その分、かごの価格が年々上がってきてしまい、なかなか手が出しにくいものとなってしまいました。それでも頼もしく、新しい取り組みや伝統をつないでいこうとする若者たちが頑張っているのも事実です。彼らが作ったかごはどれも丁寧に作られていて、これまで先人たちが作ってきたものに劣らない、素晴らしいものばかり。

　大量に作られる安いものが街中にあふれる現代ですが、どこの国のどんな人がどのように働いてその値段になっているのか想像力を働かせてみましょう。なにも考えずにそれで「よし」としていると、ぐるぐるまわって自分の仕事の対価に反映されてしまうのが経済というものなんだそうです。私は誰も悲しい思いをしていない誇りを持った仕事にちゃんとした値段を払って買物をしようと思います。

カゴアミドリ（1〜3）◆店主の伊藤征一郎、朝子夫妻が営む国立にある世界のかごと出会えるお店。

一人暮らしから大家族まで、一家に一つは欲しい万能器具

貝印の米とぎボウルセット

　パン屋をやっていますがご飯も大好きです。パンを食べない日はあってもご飯を食べない日はないかなぁ。そんな時はやっぱり日本人だなって思います。子供たちが家にいた頃は3合とか4合とかで、米もシャカシャカ研ぎやすかったのですが、夫婦二人になってからは研ぐ量も減り、1合半となってはさすがに研ぎにくい。おままごとみたいに少ない米をボウルやザルに入れたところで上手に研ぐのは至難の技です。毎日の事なのに夕方になってくるとなんだか気が重くなっていました。

　そんな悩みを解消してくれたのが家事・キッチンアドバイザーの石黒智子さんが考案された米とぎボウルセット。貝印さんとコラボレーションされたこのボウルは、どんなに少ない米でも誰でも上手に研ぐ事ができるんですよ！きっと試行錯誤をくり返し、考え抜かれたから実現できた道具だと思います。それ以外にも野菜を洗ったり、塩もみをしたりと、この深めのボウルとザルはキッチンで大活躍。一人暮らしを始める人、結婚する若い二人、子供たちが独立した友人夫婦、もちろん大家族のあの方にだってストレスフリーで米が研げる優秀なボウルをプレゼントしたい気持ちでいっぱいです。ところが残念な事に生産終了というではありませんか。すごく残念で貝印の担当者さんに電話したほどです。いつの日かまた作って下さる事を心から願うばかりです。

貝印株式会社 ◆ 明治41年創業の老舗メーカー。刃物を中心に調理、グルーミング、ビューティーケアなど、さまざまな商品を生み出している。

傷やへこみも暮らしの足跡

まな板

　結婚する時に買ったまな板だからもう36年のお付き合い。福岡からサンフランシスコ、東京でも何度かの引っ越しを経て、時々カンナで削ってもらいながら暮らしをともにしてきました。たまねぎのみじん切りやキャベツのせん切りも、これだけ大きさがあるとちりちりと散らばることもありません。「そろそろ替え時かな」と、新しいものを探しましたがここまで大きいものにはなかなかお目にかかれません。最近は木じゃない素材のまな板が主流だったりしますよね。でも包丁の刃のあたりがやさしくて、トントンいい音がでるのはやっぱりイチョウやヒノキで作られたまな板なのです。

　今回も新調するのをやめていつも通り削りに出したまな板。どこまで削りましょうかと途中の画像が送られてきて確認する時、なんだか胸が熱くなりました。時間の経過が作りだした美しい模様がそこにはあり、「やっぱりこのままがいい」と思いました。

　立ちかたや包丁の角度まで見透かされるまんなかが緩くへこんだこの形。急いで小口にしたネギがつながってた事、固いカボチャから包丁が抜けなくなった事や、焼きなすの紫がしみ込んだ事まで全部覚えていてくれる。やっぱりこのまな板は永久保存版。キムチを洗って驚かれたり、わかめを戻し過ぎてびっくりしたり、新婚時代がよみがえります。知らないうちにまな板にはたくさんの記憶が詰まっていました。

イチョウのまな板 ◆ 購入当時は30×300×450mmあったまな板。今では24×295×445mmに。

器は白のバリエーションが食卓の基本

白い器

　私の食器棚にもいろんな時代がありました。ヨーロッパの美しい風景の絵柄のお皿を集めたり、日本の藍の図案のお皿に凝ったり、それぞれの器たちと過ごした時間はどれも大切な思い出です。食卓のメニューも時代とともに変化して、今はすっかり季節の食材をシンプルな調理法でいただく事が多い毎日です。時々食べたくなる手の込んだ料理はその道のプロの美味しい味を外食で。そうなると器も食事にあわせてシンプルなものにしたくなります。でもそこは量産ではない作家の思いや手のぬくもりが感じられるお皿で、色は白。
　今の私の暮らしにかかせない器はこちらの4点（p.26–27）。内田鋼一さんの高い技にもおごる事なく心静かな名人の白。岡田直人さんの清々しくてみずみずしい白。岡澤悦子さんのやさしくてやわらかい母性を感じる白。そして鹿児島睦さんの洗練されたおしゃれな白。作家さんの数だけあるさまざまな「白」にすっかり魅了されています。
　色や柄のない器は、余白が生まれるので素材や料理そのものをまっすぐ受けとめられます。器を選ぶ時は料理を盛った時はもちろんのこと、持った感じや洗う時、しまう時の事を想像して考えます。最近では料理好きな作家さんが増えてきて、「暮らし」というリアリティが感じられる器が多く見られるようになってきたと思います。
　食卓の器はなんとなく寄せ集めで済んでしまったりもするけれど、時々食器棚を見直して自分の暮らしに合った器で日々の食事を考えると料理まで楽しくなったりするから不思議です。

内田鋼一／上 ◆ 東南アジアや南アフリカなど世界を旅しながら現地で焼き物を体験。そのスケールの大きい作品は、日本だけではなく世界をも魅了している。

岡田直人／下 ◆ 素材を生かしたシンプルで無駄のないデザインに定評がある。白くて、美しいフォルムが特徴的。

岡澤悦子／上 ◆ お皿はもちろん、無駄のないデザインは生活に馴染むものばかり。
鹿児島睦／下 ◆ 美術大学卒業後、インテリア、ディスプレイの仕事を経て現在は福岡市内のアトリエにて陶器やファブリック、版画などを中心に制作に励む。ロサンゼルス、ロンドン、台湾などでも個展を開催。

粘着性のあるものもスイスイ切れます

万能ハサミ

　学生の頃、試験勉強を始める前にまずやることは計画表作りでした。それから机まわりを片付けて、筆箱を整理して今さら単語帳をリニューアルし、なんとか本題を先延ばしにする悪あがき。今でもコツコツ根気よく学ぶ姿勢は身につかず、10年日記もレシピ帳作りもいつも中途半端。国立大学9教科受験を経験しているターセン（夫、日本人）は、文房具たちもさぞかし本望だろうと思うほどの使いっぷりを今でも発揮しています。ノートもびっしり最後の1ページまで、あらゆる傾向と対策で埋められています。なので整理整頓はターセンを師と仰ぎ、うまく役割分担して今日までやってきました。例えば、引き出し。とりあえず取っておく書類、いつも使う文房具など、テーマを決める事を教わりました。いろいろ使ってみたいとか、かわいいからという理由で増え始める文房具たちは、ある日抜き取られた引き出しを前に選別の時がやってきます。そうしてみるといつも使っているのは同じペンに同じハサミ。よく使うものは全部同じものにそろえる事にしました。

　なかでも特に使い勝手のよかったものはハサミで、その名も「BOND FREE」。そうなんです、ガムテープだってスイスイ切れてべたべたしない優れもの。早速家も事務所もハサミは全部これに統一。あちこちに置いてあるので「あのハサミは？」と捜す事もありません。"MADE IN SEKI JAPAN" と刻まれるほど、岐阜県関市という所は刃物で有名なんですね。持ち手の所に誇らしげに刻印されています。

長谷川刃物　◆　伝統的な技を守りながら、時代のニーズにあわせた商品を開発。ボンドフリーは特許を取得した特殊加工により、刃に粘着物が付かず、スムーズな切れ味を実現している。

伝統的な技を今の暮らしに取り入れて

雲棚

　カンブリア宮殿とかソロモン流とかガイアの夜明けとか、どれも私のお気に入りの番組です。採算度外視で作ったら大受けしましたとか、逆転の発想で業績Ｖ字回復とか、そういう話が大好きです。

　いつものように見ていた番組のなかで若い姉妹が職人さんを訪ね、自分たちがいいと思うデザインのアイデアを次々と商品化していました。ネクタイ生地で背広ポケットに入るふくさとか、和紙で作った人気武将のお面とか。なかでも神社仏閣の彫刻師に頼んだミニ神棚は秀逸でした。孫悟空が乗るキントウンみたいな神棚です。後ろに強力マグネットが付いているので簡単に画鋲で壁にかけられます。今さら重々しい神棚を置くのは難しくても、これさえあれば家にあるお守りやお札の置き場所にも困らず、しまわずにだしておけるので、効果も上がる気がします。早速ネットで注文するも、すごい人気で数カ月待ち。ようやく届いた神棚の一つは自宅、もう一つは事務所へ。のせたお札も嬉しそうです。来客にもよく「これは？」と聞かれるものになっています。

　オリジナルの質感や技術を継承していくのは本当に難しい事です。素材そのものが貴重だったり、暮らし方も随分変わったりしましたから。そして大量生産にないオリジナルのよさをそのまま残した商品のアイデアや復刻やリメイクなどでも、安っぽくならないものを作る事が大切です。伝統を今に生かす知恵はまだまだ無限の可能性を秘めていると思います。

雲棚 ◆ 日本のいいものを多くの方に知ってもらおうと有井ゆま、ユカ姉妹が立ち上げた「スタイルY2」がプロデュース。神社やお寺の彫刻を専門とする伝統工芸「井波彫刻」の職人が制作。

日常に遊び心をプラス

消臭富士山

　いつもめずらしいものやちょっとした美味しいものを折に触れて送ってくれる友人がいます。なんだかテレパシーが通じ合うようで、どうしてるかなと思ったとたん、すぐにメールや荷物が届くから本当に不思議。

　ある日の荷物のなかにあったのがこちらの富士山。その箱には「日本一かわいい消臭剤」と書かれていて、この時点ですでに座布団一枚！　一日に何度も開け閉めする、そしていろんな食品を守ってくれている冷蔵庫にこれほどピッタリなものはありません。庫内のランプに照らし出されてちょこんといる富士山は本当にかわいらしいです。なにもかもが無駄なくシンプルだと息が詰まってしまうからちょこっとカワイイものは暮らしにかかせないエッセンス。

　「これ知ってる？」「これ使ってみて」「これ食べてみて」というのは女性特有のものらしく、男の人は「美味しかった」「便利だった」と自己完結してしまい、情報を拡散させる能力はどうも女の人のほうがあるようです。すごく美味しかったから、使ってみたらすごくよかったからと、私は黙っていられなくてみんなについつい言いたくなってしまいます。でもこんな性格が私の今の仕事に役立っている事は間違いないのです。

ホスピタリティあふれる作家のエネルギッシュな創作活動

鹿児島睦のお皿

　スィジュピュイ（Si je puis）っていうフランス語を教えてくれたのは陶芸家の鹿児島睦さん。尊敬するウィリアム・モリスが自宅のステンドグラスに刻んで毎日眺めていた言葉だそうです。英訳するならば'if I can'「私でできることならば」という意味。デザイナーでもあり、プロデューサーでもあり、モリス商会の社主でもあった彼ならばこそのポリシーだったのでしょう。

　そしてそれを本当に実行し、実現しているのが鹿児島さんなのです。福岡のザ・コンランショップで十数年のサラリーマン生活を経て陶芸家になられた訳ですが、北欧のモチーフに勝るとも劣らない独特の図案と力強いタッチであっという間に大人気になりました。彼の活動から、素晴らしいフットワークとホスピタリティの原点を教えてもらった気がします。

　ご本人はすごくおしゃれなジェントルマン。けれどいつまでも少年のような好奇心のある方で、会うたびに美味しい手土産といい刺激を下さいます。器に描かれた図案はその世界に収まりきらず、紙や布などに形を変えて自由に世界へと羽ばたいています。彼のお皿を使うと、個性的な絵柄にもかかわらず、和洋中どの料理をこれに盛ってもいつものテーブルがウキウキ楽しいものに変身するから驚きです。やっぱりお人柄が作品にでるものなんでしょう。

　普段使いから、ちょっとしたおもてなしまで、さまざまな場面で活躍してくれるお皿。中々手に入りづらいものになってしまいましたが、どこかで出会うチャンスがあったらぜひお手に取ってみてほしい一枚です。

日常のちょっとしたデザイン一つで暮らしが変わります

セブン-イレブンのシンプルなBOXティッシュ

　「美味しいから食べてみて」と言われてすぐに食べるのはいつも妹。兄はそれをじっと観察していて美味しいと言うまで手を出しませんでした。相当慎重な息子が選んだ職業はグラフィックデザイナー。大学生活と一年のインターンを終えて留学先のサンフランシスコから帰国するタイミングで、私たちはパン屋とギャラリーを始めていたので、その頃から印刷物やHPの事をいろいろと手伝ってもらっています。私がDMやポスターの作業で暴走しそうになると「お母さんそれはやり過ぎでしょ」ってうまくブレーキをかけてくれるいい相棒です。
　いろいろな情報をたくさん詰め込み過ぎて、普段の生活にはあまり必要のないものが含まれたデザインが現代にはあふれています。あれもこれも伝えたいのかもしれませんが、そうする事で本当に伝えたい事が入ってこなくて、逆効果な気がします。常々そう思っていたところに登場したのが、このBOXティッシュ。聞けばクリエイティブディレクターの佐藤可士和さんが手がけたとか。社名はフタの部分に入れ、開けてしまえばなにも書かれていない、ただの箱になります。この商品はセブン-イレブンの会長が直々に可士和さんへブランディングのオファーをして実現したとの事。使い始めてしまえばどこにもブランド名が書いていないなんて、普通だと企画はなかなか通りませんよね。「これはなくならないようにせっせと買い続けなくては！」と、友人にも宣伝したりしています。
　デザインは街を変え、心を豊かにするといっても過言ではありません。外国の歴史ある街並みは、景観を汚さないデザインで統一されていて気持ちがいいと感じます。自分の色を出し過ぎず、景色として溶け込む事も、デザインの一つ。街や人、暮らし全体を考えて気持ちよく過ごせる空間やものをデザインする事に、デザインの無限の可能性を感じています。

人やものに出会う不思議を大切に

イイノナホ ◆ 武蔵野美術大学を卒業後、シアトルのガラススクールへ入学。1997年より個展を中心に活動し、工房「イイノナホガラスガーデン」を設立。人気のペーパーウェイトをはじめ、住宅、美術館などのシャンデリアも手がけている。

イイノナホのkamisama

　吉祥寺に引っ越してきたばかりの頃、自転車で街を散策していて見つけた小さなセレクトショップ「tune」。現在fèveのビルの1Fで「TONE」をやっている長竹夫妻の最初のお店です。日常で活躍しそうなこざっぱりしたリアルな服が並んでいて、すぐにファンになりました。二人は本当に服が好きで生地の事や細かいディテールを楽しそうに熱く語ってくれます。そんなに言うのなら袖を通してみましょうと買った服がその通りの素敵なもので、それからは着まわしに大活躍で嬉しい連続でした。ギャラリーをやるなんて私には無理と思いながらも、「最初に展らん会をやるんだったらtuneの窓辺に並んでいたガラスのクローバーの作家さんがいい」って思ったのも不思議ですね。この作品が、迷っていた気持ちを後押ししてくれたのかもしれません。

　はじめて会ったナホちゃんは小さく小さく生まれた二番目の女の子をおんぶしてちょうどこれから作家活動を再開するというタイミングでした。その女の子が今はもう中学生なんですから長いお付き合いが続いています。美大の専攻が彫刻だったので特に立体作品が素晴らしいです。ナホちゃんが小さい時に紙で作った神様はたくさんの願い事を叶えてくれたそう。そして「いつか大人になったらちゃんとした形を作りますね」と神様と約束して作られたのが、このガラスの"kamisama"なのです。我が家にきたkamisamaは両手を天に向かって大きく広げ、生きている感謝と喜びを全身で表しているようです。ギャラリーという場所が点と点を結んでくれて、それはそれは素晴らしい人たちと知り合う事ができました。「場」を作るというのはこういう事なんですね。

「いいな」と思う直感で取り入れるヒーリングパワー

炭と水晶

　気持ちいいなぁと感じる場所と足早に立ち去りたいと思う場所。言葉で説明するのは難しいけどそういう感覚ありませんか？　私にとって「家」は本当に大切な場所。外でいろんなことがあっても家に帰って羽を休め、エネルギーを充電したら、また頑張ろうと思える場所にしたい。だから気持ちよく掃き清め、整えて、窓を開けて風を通し、節分には豆をまく。それでも追いつかないくらい現代の暮らしは複雑で、なにかの力を借りたくなってしまいます。

　私が頼りにしているのは「炭」と「水晶」。パソコンや携帯電話などの目に見えない電波がこれで少しは緩和されるかもしれません。気持ちの問題ってこともありますが。ガラスの古い味噌樽に竹炭を山盛りにして、時々ほこりっぽくなってきたらビニールのかごに入れてバルコニーでシャワーをかけてしばらく天日干し。う〜ん、なんとも清々しい。窓辺など、空気が循環される場所に置き、部屋中、すみずみまで行き渡らせます。水晶は詳しい友人に選んでもらい、購入しました。そして古いものを買った時はしばらく水晶のそばに置いてそのものの記憶をクリーニングしています。なんにせよ「これで大丈夫」って思えるのならそれに越した事はないと思います。

　忙しい暮らしでついつい後回しにしがちな「気持ちいい」っていう感覚。でもそれを大切にすると、自分がどうしたいかが見えてきて具体的に動けるようになる気がしています。そうすると、どんどん自分をしあわせにする選択ができるようになるんです。

少しの工夫で快適なキャンドルライフ

イケアの特大キャンドルホルダー

　日が暮れ始める頃の空の色が好き。美しい青のグラデーションがくり広げられる空を一瞬も見逃したくない気分になります。日が沈み、月が輝き出し、生きものたちが家路へと帰る時間。くり返される営みのなかで一番好きな時間です。

　この限られた時間を楽しむため、電気を点けずにろうそくを灯します。ろうそくを暮らしに取り入れたくていろいろ試行錯誤。炎が大きく広がり、もくもくススがでてしまうもの、不安定な作りでいつの間にかろうの海ができてしまうもの……。失敗をくり返し、いろいろと試した経験から、形は安定した大きめの円柱形で日本製のろうそくが一番いいことが分かりました。それでも人の話す息や吹いて来る風で炎がゆれ、ススは上がってしまいます。

　やっぱり外国のインテリア誌で見かけるような大きなガラスのホルダーは必需品なのかもしれません。そうと決めたら実践あるのみ。イケアの特大サイズのキャンドルホルダーをネットで購入。そしていざ使ってみたらいいことだらけ。ススも上がらず、風が吹いても消えません。なによりガラス越しに灯ったろうそくがなんとも美しい。主張しない灯りが部屋中をやさしく包み込みます。

　「ただいま」って誰かが帰ってくるまでのほんのひと時、街が暗闇に包まれる時まで、夕暮れの空を眺めながら私の好きな時間が過ぎて行きます。

IKEA ◆ ホームファニシングス商品の販売、開発などを行なうスウェーデン発祥の企業。

説得力のあるものが好きです

スタンダードトレードのチェスト

　私はやっぱり人が好きです。どうしてもこれを作りたいと思った人の物語を聞くのが大好きです。美味しいからあのお店へ行くんだけど、素敵だからあのお店に服やものを買いに行くんだけど、それと同じくらいその人に会いに行く事もあります。

　家の事や家具の事となるとそうそう取り替えや失敗ができないので慎重になりますよね。私にも失敗はたくさんありました。でも「失敗は成功のもと」という言葉もあるくらいだから、何事も勉強です。ものを選ぶ上で一つ重要なのはすすめる本人が実際に使った事があるのかどうかって事。リフォームを頼んだ建築家に「調光が付いていると光の加減が楽しめます」というので付けてみたところ、中途半端な調光の位置だとジージー小さな音がでるんですね。使ってみないと分からない事でした。ものを選ぶ上で作った人やすすめる人のライフスタイルはとても重要なポイントです。

　「スタンダードトレード」の渡邊さんはやんちゃな少年がそのまま大人になったような人だけど、家具を作る背景には建築の勉強をした素地があり、本人も実験と称していろんな家を住み歩いているので説得力があるんです。まず、聞き取り調査にかなりの時間を割いてくれるのでその提案は毎回具体的で大正解。以前、和室とリビングを一体化するリフォームとあわせてオーダーしたのがこちらのチェストです。開け閉めしやすく、見た目以上にたくさん入り、使い勝手がとてもいいです。左側はターセンで右側が私。きっぱり分けて、すっきり収納。頼れるアドバイザーがいることで自分の暮らしを変化とともに見直して快適な空間に作り変えることができるのです。

スタンダードトレード ◆ デザイナー兼、職人でもある渡邊謙一郎氏が手がけるオリジナル家具のデザイン、製造販売を行なう。さらに個人住宅の家具、オフィス、店舗などのデザイン設計、施工まで、幅広く手がけている。

同じものを二度と作れない、唯一無二のアンティーク

タミゼの古いお皿

　本当は古いものがちょっと苦手です。誰にどんな風に使われていたのか私の想像力がどんどん悲しいストーリーをつむぎ出してしまうから。でもなぜだかアンティークショップのタミゼには行ってみたいと思ったのです。
　そしてそこで手にした白いお皿はぜんぜんこわくないから不思議でした。なぜだろうと考えてみると、私のなかに楽しかった、嬉しかった、悲しかった、悔しかったといったいろんな記憶があるように、ものにだっていろんなことが刻まれているということが分かったからです。それに気付けたのは、ものときちんと向き合っている店主の昌太郎さんがいたからだと思います。
　誰かに使われた、しあわせな時間を過ごしたその事に光をあてて、ものを店に並べているタミゼ。選ぶ、飾る、扱う人にたっぷりの愛情があるから、光をそそがれたものたちが時間の経過を誇らしく思い、輝いているのかもしれません。
　ギャラリーのキッチンをcaféのイベントもできるようにリフォームした時、迷わずタミゼで古いお皿を買いそろえました。今のものにはないやさしい白。温みがあって重過ぎず軽過ぎない。たくさんの古いものから自分の直感でものを選ぶ楽しみが、私の暮らしに加わりました。

タミゼ◆東京都恵比寿と栃木県黒磯にあるアンティークショップ。長い年月を重ね、研ぎ澄まされてきたものたちは、普遍的な美を宿している。

気がつけば長い時間暮らしをともにしていました

斉藤衛さんのロースツール

　椅子やスツールは座り心地も大切ですが、そのものの立ち姿も美しくあってほしいものです。これを両立するものがなかなか少なくて、ついつい銘品と言われているものに目が行ってしまいます。スツールはそれ自体が控えめでかわいらしく、何通りにも使える働きものです。玄関での靴の脱ぎ履き、ソファの横に置いてお茶の台やマガジンラック代わり、時にはオットマン、もちろん踏み台や電話台代わりにもなります。

　斉藤衛さんのロースツールは雑誌に紹介されていたものを通販で購入しました。ギャラリーで使っていると必ず誰が作ったものなのか聞かれます。

　好きなものに囲まれて暮らしたいと思いますが、だんだん数が増えてくると息が詰まってきます。ギャラリーでの企画展のために実際自分で使ってみる事を信条としているので、どうしてもものは増えてしまいます。時々選別しますが、今年は娘と息子が結婚したこともあって、いろいろ譲って我が家の家具のリニューアルを企てています。日本には四季があるので夏は涼しく、冬は暖かく、インテリアを模様替えするのって楽しいですよね。子供たちも忙しいながらいろいろ工夫して暮らしを改革改善している様子。聞かれて相談に乗るのは楽しい時間です。

斉藤衛 ◆ 素材の質感を大切にしながらシンプルで美しい生活に馴染む家具作りを行なう。

思い込みをやめてみませんか？

タオル

　お風呂へ入る時、バスタオルを使いますか？　バスマットを使いますか？　うちは両方使いません。一種類のタオルで全て済ませます。長さが70センチのフェイスタオルで体を拭いて、少し古くなったものをバスマットに使っています。一回のお風呂でだいたい一人三枚。最後にお風呂に入った人は必ず使ったタオルでお風呂のなかをざっと拭きます。長年このくり返し。

　最近増えた習慣はお風呂場になにも置かないという事。やってみればそれほど大変な事ではなく、シャンプーのボトルの底がぬるぬるになる事も石けん置きがびしょびしょのままになる事もなく、気持ちよくていい事づくめ。お風呂を最後に拭く人も障害物がないのでスイスイ拭けます。そしてここ何年も同じタオルを買い足して、本当に古びたものは動物たちのシェルターに送って循環させています。

　お気に入りのタオルはパーク　ハイアット　東京で使われているもの。インテリアが素敵なホテルを気に入り、一時期スポーツクラブに通っていました。そこで使ったタオルが本当に気持ちよく、実際に家でも使ってみるとなかなか吸水しない最初の時期もほとんどない優れもの。早速自宅のタオルを全てリニューアルしたという訳です。知らないうちにバスタオルやバスマットが必要だと思い込んでいるのかもしれません。乾きにくいこの二つを手放せば毎日洗いたてのタオルが使えて快適な生活になりますよ。

パーク　ハイアット　東京のタオル◆オリジナルのタオル。紹介したフェイスタオルをはじめ、バスタオル、ウォッシュタオルの3サイズを展開。上質な綿100％でパイル織り。

快適な睡眠で元気な毎日

安眠ベッド

　妊娠しても元気いっぱい。子供を授かってから半年経った大きなお腹でマレーシアへ行きました。その時の水着の写真を見るたびに、若いって怖いもの知らずだなと思います。家の近くにローマオリンピックで水泳の日本代表選手だった田中聡子さんのスイミングスクールがあり、当時はまだマタニティスイミングなんてなかったけれど、「大丈夫いらっしゃい」と言われて通いました。本当に元気な妊婦でしたが「眠りつわり」というものがあるのならまさにそれで、眠くて眠くて仕方なかったことを覚えています。

　その頃から「この枕で一晩ぐっすり」とか「起きても腰痛知らず！」なんて宣伝文句にめっぽう弱く、いろいろ買っては試す日々でした。そして長い研究の末にたどり着いたのがこの組み合わせ。スノコ状のベッドフレームを特注（スノコの間には専用の竹炭も入れられます）し、スプリングは伝統と品質に信頼のおけるシモンズ、そしてその上に体にかかる圧力を分散させる東京西川のマットレスを敷く。これが今の最上級の眠りのためのベストコンビネーションです。

　寝ている間はコップ一杯分の汗をかくというけれど、通気性のよいスノコ状のベッドや、お手入れがしやすいマットレスで、常に気持ちのいい状態で睡眠ができます。それでも気が小さい私は自分で企画している展らん会の前夜にもかかわらず、レストランで支払おうと財布を見ると全部ドル札！といった悪夢によくうなされます。しかしこの最強の三点セットに加え、枕カバーを毎日洗うことを習慣にしたら改善されてきました。なにしろ私にとって眠りは、人生の最重要課題でもあるのです。

生活アート工房 ◆ 石川県の家具工房＆ギャラリー。ベッドを中心に、オーダー家具のデザイン、製作、販売を行なう。

54

身近なアートで豊かな時間

額装の絵

　結婚を決めた時、二人でたまたま入ったギャラリーで記念にリトグラフを買いました。ツリーハウスにいろんな動物たちが一緒に暮らすかわいい絵。それから30数年後、自分たちがギャラリーをやっているのですから面白いですね。
　私が好きな絵は見ていて幸せな気持ちになれる絵です。家に飾っていつも目にするものだから、どんな気持ちにも寄り添ってくれる静かな絵を選びます。
　トラネコボンボンという移動レストランをやっているなちおちゃん。その料理を食べるより先に、ホームページで日々つづられている絵に心を奪われました。いつかギャラリーの壁一面にこの絵が飾られているのを勝手に想像していたら、なんとなんと、彼女が結婚したお相手が夫ターセンの大親友！　いろんな偶然が重なって展らん会が実現したのです。
　その時のメールのやり取りで、一生の宝ものになる言葉を受け取りました。「全ての調和を一人一人の場所から整えていけばいい」無力さを嘆いてばかりじゃなく、まずは自分自身を整える努力をして行こう。そうすれば必ずそれが伝わって行くのだから。本当にそうだと思います。背筋を伸ばして誠実な自分を模索しながら生きて行こうと思う力をいつもアートからもらっています。

トラネコボンボン(中西なちお)◆旅するレストラン。野菜を中心に季節や場所にあわせて素晴らしい料理を提供している。

照明を選んでもっとおしゃれに暮らしてみませんか？

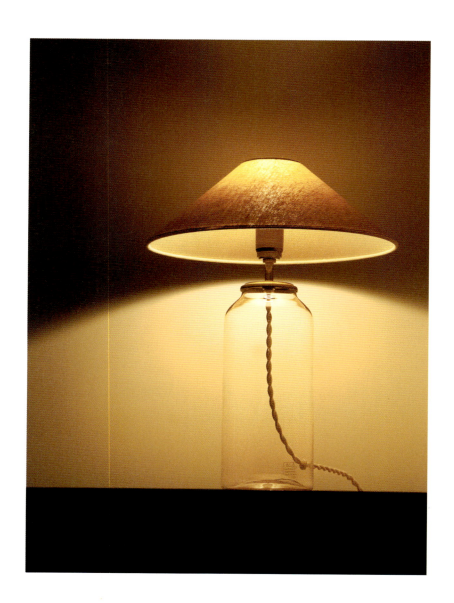

ライト

　外国へ旅したり、住んだりすると、住居やレストランのあまりの暗さに驚きます。「これでメニューが読めるのだろうか？」って。だからしばらく外国で暮らしてから日本に戻ると、その明るさにびっくりします。明る過ぎるんです。一つの照明で部屋のすみずみまで照らし出す必要があるのだろうかと考えさせられました。

　我が家は何度目かのリフォームで照明を全て目立たないダウンライトに変えました。スイッチは同じところではなく、場所ごとに分かれています。ランプもいくつか置いて、必要に応じて点けます。同じ部屋でも照明によって随分印象が変わるんですよ。イイノナホさんのライトや、展らん会でお世話になった兵庫の芦屋にあるflameのライトなど、我が家ではさまざまなライトを部屋によって使い分けています。flameは、コードやスイッチなど、デザインの細部にもこだわり、独自の素材の笠を使用して温かい光を作り出し、昔の日本の明る過ぎない、ほっとする灯りを提案しています。

　服もインテリアも本当におしゃれになった日本人。もう一歩、家の灯りについて見直してみませんか？

---

flame◆灯りを通して豊かな暮らしを提案している照明メーカー。オリジナルのスタンドやライトなど、ただ明るくするためだけではない、暮らしに寄り添った灯りをプロデュースしている。

時には自分に花束を

花束

　吉祥寺は花屋の激戦区。面積における美容院の数は日本一らしく、でもそれに負けないくらい花屋も多いのです。長いお付き合いなのは「4ひきのねこ」と「ジェンテ」。リヤカーでの引き売りから4ひきのねこを始めたはなえさんにはギャラリーを始める前にアレンジメントを習っていました。その頃奥にある空き地を見ては、ここに素敵な建物が建つ気がするなぁと思っていたのを覚えています。まさか自分で建てる事になるとは、その時は思いもしませんでした。

　ジェンテの並木さんとは「吉祥寺をいい街にしよう！」という思いが一致している同志みたいな感じで、会えば情報交換してお互いの夢を語り合う仲。各地で農薬を使わない花作りに励む人たちを応援して、生産地に足を運んでは作り手と市場、花を買う人たちの橋渡しに全力投球。花の話を始めたら止まりません。毎週高知から届くジェンテの無農薬ハーブのブーケは一番のお気に入り。自然のままの生き生きした植物があわさったブーケはジェンテならではのセンスが光り、力強く香るハーブたちに「薬草」という言葉を改めて感じます。プレゼントされて嬉しい花束ですが、自分の好みに作ってもらう自分のためのブーケもいいものです。重なり合う上品なピンクのグラデーション、オールドローズは一番好きな香り。たくさんのハーブが隠れていてミックスされたいいにおいが部屋いっぱいに広がるのはやっぱりたまりません。

　花も絵も音楽もなくても死にはしませんが、人として感情豊かに生き生きと深みのある人生を送るにはなくてはならない存在かもしれません。美しいものを見て、美しいと感動する高揚感。私にとっては本当にかかせない大切なものなのです。

ジェンテ◆花を通して幸福な空間作りを提案。日々の生活はもちろん、スクールや結婚式など、あらゆるニーズに応えている。

毎日の移動にかかせないエコな相棒

自転車

　いつ頃だったか、くるくるまわりながら体育館の端から端まで行くという体育の授業があり、クラスで一人だけ目がまわって立ち上がれなくなったのを覚えています。父は車の運転が大好きで、どんなに遠くても家族で出かけるのは車が基本でした。「かおりは乗るとすぐ寝ちゃうんだよね」ってよく言われたけど、その理由が今なら分かる気がします。乗り物が本当はすごく苦手で、でも自分のせいで楽しい時間が台無しになるのがとっても嫌で、ギュッと目をつぶって寝てしまうしかなかったんだと思うのです。

　そんな私が就職したのはなんと航空会社。地上勤務だったけれど社内報の取材でコックピットに乗ったりしているんだから人生なにがあるか本当に分かりません。安いチケットを利用しては、プライベートでも海外へよく行きました。結婚してすぐにターセンの海外赴任が決まり、さらにそこから東京へ転勤になって、その間どんどん乗り物に酔う体質に。いろんな対策を試してみるけどちっとも改善されず、ひどくなるばかりでした。途方に暮れて、心底自分は駄目な人間なのだと思い、悲しくなりました。でもある時からできない事ばかり気にするのはやめよう、できる事だってあるんだからそれでいいじゃないかと開き直りました。

　そう、自転車に乗れるじゃないですか！自然の移り変わりや風を感じて走る自転車は最高にエコな乗り物ですしね。そう思えたらムクムク力が沸いてきて、吉祥寺の絵本屋さんでアルバイトを始め、おすすめの本を選んだり、人と接したりするなかで、少しずつ自信を取り戻して行きました。自宅からギャラリーまでは自転車で15分。ゆっくりと吉祥寺に根を張ってできる事を丁寧に重ねて生きて行こうと思います。

好きなものって無意識に集まってきます

家のモチーフ

　雑誌の取材依頼で、「なにか集めていますか？」と尋ねられた時、「ごめんなさい。集めているものなんてないんです」と電話を切ったあと、事務所の棚を見ると「家」をテーマにしたオブジェやドローイングが目に入りました。人生のテーマは循環なのでなにも集めてませんなんて言っておきながら、こんなにあるじゃないですか！家のモチーフが。早速お詫びと訂正の電話をした次第です。

　なぜ家のモチーフが好きなのか。質問に答えながら自分がぼんやり考えている事の輪郭がどんどんはっきりしてくるから不思議です。ただただあこがれなのです。ただいまってお父さんが帰って来る家。家族で夕飯を囲んで笑いが絶える事のない家。面倒くさい事もたくさんあるけど、灯りがともった家路に着けば羽を休めてまた飛び立てる。そこがあこがれのhome。商売をやっていたらなかなかそういう訳にはいきません。実家には住み込みのお姉さんに、お手伝いのおばさん、お客さんも夜中までいてにぎやかと言えばそうだけど、落ち着きたいとか静かな時間というのは望んでも手に入らないものでした。

　絶対に「ただいま」と帰ってくる会社勤めの人と結婚しようと念願叶ったにもかかわらず、こうしてまた商売をしているのだからなんと言っていいのやら。ターセンは「へい！いらっしゃい！」と威勢のいい商売屋にあこがれたんだとか。結局隣の芝生は青く見えるということですね。

仕事

　パン屋とギャラリーを始めると、若い人たちと触れ合う機会がたくさんできました。パン屋のスタッフや企画展の作家さんたち、本当に多くの人たちと出会いました。そんな彼らは、やりたくない仕事をイヤイヤやっているとかやらされているというのではなく、やりたいと思う事をまっすぐに実行している人たちでした。大きな会社で仕事をしてきたターセンは、食べて行けているのかとか将来は大丈夫なのかとか最初の頃それはそれは心配していましたが、出会った人みんなの面倒を見る訳にもいかないので、なにか自分たちにできる事をやって行こうねと二人で決意表明したのを覚えています。

　具体的に言うと私たちの経験や知恵を惜しむことなく提供するという事、尋ねられたら誠意を持って経験してきたことを全部話しましょう、助けを求められたら一緒に知恵を出し合いましょう、お腹をすかせていたら美味しいご飯をごちそうしましょう、という事。心からそうしたいと思いました。私たちもそうしてもらってここまでこれたのですから、順ぐりです。彼らと話していると本当に楽しいし、彼らの新しい扉が開くのを見るのは本当に嬉しい事です。

　でもここで大切な事は、干渉しない事と、見返りは求めないって事。その人の人生はその人のものなのです。これってなんだか「贈りもの」と似ていませんか？　一生懸命喜んでほしくて選んだ贈りもの、美味しく食べてくれたかな？　使ってくれているかしら？って気にはなりますが、私があげたくてあげたもの。ありがとうのその先は考えません。自分がやりたくてやっている、好きでそうしていることを自覚さえしていれば、「そっかぁ、あなたはそう感じて、そう思うんだね」と考えられるようになります。とは言ってもなかなか難しくて、日々練習あるのみです。

　私の仕事はギャラリーで作家さんたちの自己実現のお手伝いと、パン屋でお腹も心も満たされる美味しいパンと楽しい空間を作る事です。そしてこの仕事はギフトでもあると確信しています。少し大袈裟かもしれませんが、これは世界平和にもつながっているんじゃないかと思っています。

2章

装う

中身も大事だけど、外見だってとっても大事。
着るものを選ぶのは、
一日をどう過ごすかを考える事にもつながります。
人見知りの私にも勇気をくれる一着や
仕事をサポートしてくれるバッグ、
おでかけの時に役立つ小道具たち。
どれも作り手の思いまでも味方につけて
もうひと頑張りできるアイテムです。

時代を経て復活！ 永遠に少女になれる着続けたい服です

chloro（クロロ）◆着心地がよくて、体型もカバーできて、さりげなくおしゃれと、よいところを取り入れた欲張りな服を作っているブランド。ずっと着続けたい一着は、いつまでもクローゼットや箪笥にとどめておきたいアイテム。

ワンピース

　ずっと近くにいたのにぜんぜん接点がなかった人とある時から磁石のように引き合って親しくなる事ってありませんか？「お茶とお菓子横尾」と言うカフェをやっているみっちゃんはその一人。同じ街に住んでいて、子供も一学年違うだけで同じ学校だったのに、まったく知らない存在でした。あんなに個性的で目立つのに。ギャラリーとパン屋を始めたとたんひんぱんに会って話すようになり、どんどん仲良くなりました。いつかカフェをやりたいと言っていた夢をスイスイ実現して、洋服のブランド「chloro」も立ち上げたパワフルな人。前向き過ぎてハラハラしますが、いつも勇気をもらえる大切な友人です。

　お互いひざや足首を故障してリハビリに励んでいた時期もありましたが、そんななかでもみっちゃんは「ドイツの温泉ってすごいんだって！　行こうかな」って言うんです。それを聞いた私は「え〜飛行機長いし言葉が通じないし」って。まさにお互いの性格の違いを表していますよね。

　ある時、ギャラリースタッフが着てきた古着のワンピースが懐かしさを残しながらも時代に左右されないいい形で目に留まりました。早速みっちゃんに相談です。「大きな開衿の形は小顔効果があるよね」「ギンガムチェックはいつの時代もみんな大好きだよね」。形にするのって大変だけど、考える時間って楽しいものです。そして大いに盛り上がり、本当に作ってしまったのです。肩まわりはもう少しゆとりを持って、丈をひざが隠れるくらいに、被らない着方がいいなと、あれこれ試行錯誤と改良を重ね、永遠の少女スタイル、ギンガムチェックのワンピースが完成しました。

　服には力があります。一日の気分も服次第。その人となりを表現できる大切なツールです。このワンピースは永久定番で作り続けてもらいたい一着です。

冒険心は忘れない、小さなチャレンジは新しい発見

帽子

　とにかく頭が大きい。多分やせてる人のウエスト並みです。縦に長いので横から見るとエジプトのファラオのような形に見えます。売られている帽子はどれもこれも私には小さく、大丈夫かなと不安をかかえて買ったものの、必ず被った跡がオデコに一直線。一日の後半はトホホな気分になります。なので、少しゆとりのある帽子に出会えたら、もうそれだけで嬉しくて速攻買う事にしています。

　朝夕の犬の散歩や日頃自転車に乗る私にとって、帽子は本当に必需品。20年は被っている「ヘレンカミンスキー」はラフィアの素材がすごくよくて、さらにつばが広いのも心強い味方です。しかし持ち歩くには不便なくらい、つばが大きい。帽子を脱いだあとや日が暮れて帽子がいらない時間になってからは、その大きさを持て余してしまいます。リゾートや庭仕事などずっと被っているのには向いているのでしょうね。最近は本当に帽子の種類も増えて「cœur」の折りたためるものなど、サイズも素材も多様化して選べる幅が多くなりました。街では若者が本当に上手に帽子を被りこなしていてとっても勉強になります。似合わないって決めて帽子を被らない人もたくさんいますが、やっぱり強い紫外線はよくないようだし、冬に帽子を被ってみるとその暖かさに驚きますよ。そして帽子はちょっとした変装の小道具にもなり、「45R」のボルサリーノ風の帽子のように被ると楽しい気分になるものもたくさんあります。小さくても大きくても悩みは尽きませんが、似合ってぴったりな帽子に出会える事を信じて、素材やデザインを変えて四季折々楽しみたいと思います。

ヘレンカミンスキー／上 ◆ シドニーを拠点とするライフスタイル、アクセサリーブランド。
cœur（クール）／中 ◆ 帽子デザイナー、木島道子によるコレクション。レディースをはじめ、メンズ、キッズまで幅広く展開。
45R／下 ◆ 日本の「和」のよさを取り入れたアパレルブランド。

永遠に履き続けたい、大人かわいい靴です

ROBERT DEL CARLO（ロベルトデルカルロ）／左上 ◆ デザイナー自身の名前をつけたイタリアのシューズブランド。
ARTS&SCIENCE／右上
R.U.（アールユー）／左下 ◆ 神戸にアトリエを構えるシューズブランド。「昔ながらの伝統を感じさせながら人々に愛され続ける靴」がコンセプト。
eb・a・gos（エバゴス）／右下 ◆ 1996年に創立した革小物ブランド。ロゴはデザイナーの曽我部美加さんの「sogabe」を逆さに読んだもの。

靴

　ミレーの「晩鐘」を見るとドキリとしてしまいます。小さい頃、熊本の農業試験場に勤める叔父の家によく遊びに行っていました。どこまでも広い野原で、ツクシやレンゲを摘んで遊んだ事が懐かしいです。家のリビングにミレーのその絵がかかっていて、私は長い間それを叔父さんと叔母さんの写真だと思って見ていました。美術の教科書にでてきた時、とっても驚きました。これまで信じて疑わず、恥ずかしい思いをした経験が山ほどあります。靴は英語でなんと言うでしょう？　という質問に、「ズック！！」とか答えたり……。

　母の口ぐせの一つに他人は靴を見ていますというのがあって、初対面で人は靴を見てその人となりを判断するというのです。そう刷り込まれてきたので、いい靴、手入れされた靴、きれいな靴を履かなければと思ってしまうところが未だにあります。

　好きな靴は、クリエイティブディレクターのソニアさんのお店「ARTS & SCIENCE」で購入したサイドゴアのショートブーツ。ソニアさんがセレクトする靴はどれも本当にカッコいいものばかり。足首を骨折してから先の細い靴やヒールのある靴が履けなくなってしまったのですがやっぱりかわいい靴が履きたい！　サイドゴアもワンストラップも靴のなかで足の指が自由になるのに見た目はすっきりとしていて大好きです。デザインもよくて履き心地もいいなんて文句なしです。ロベルトデルカルロのサイドゴアも、足にぴったりでした。「eb・a・gos」のワンストラップはかわいさのなかにも落ち着いた雰囲気を残していて流石の一足。最近知った「R.U.」のワンストラップも、履いていると必ず「どこで買ったの？」って聞かれます。この二足と「ARTS & SCIENCE」は日本製のもの。made in japanのいい靴が多くなってきたのも嬉しいです。

小物で演出する女らしさ。何気ないしぐさが印象を残します

春夏 秋冬のハンカチと香り

　どんな大人になりたいと思うのか、どういう人を素敵だと思うのか、人を観察しながらイメージするのはとても大切な事です。優雅なしぐさや丁寧な言葉使いは一朝一夕には身につきませんが、イメージする事で現実に近づくのです。いつもスマートに会計を済ませ、「おつりは結構です」という先輩にあこがれて、いつかこういう大人になりたいと思ったものです。まずはいいなと思った人をお手本に実践あるのみ！

　バッグからものを取り出す動作もとても印象に残ります。中味をかきまわして荷物を捜すのは美しいとは言えませんよね。アイロンのかかったハンカチをさっと取り出しておでこの汗を押さえたり、口の端にあてたり、ちょっとした事で女性らしい印象を残します。

　春夏は、ざっくり織られたオールドマンズテーラーのリネンのハンカチにハッカのスプレーで香りを付けるのが私の定番。秋冬は、長いリネンの糸で織られたマーガレットハウエルのドット柄のハンカチにアンティークローズの香りを付けて。大好きな香りが付いたハンカチはそれだけで気分がリフレッシュします。お洋服に花柄は着なくても、ハンカチくらいの面積ならばどんな色柄もチャレンジ可能です。小さなハンカチですが、バッグのなかの名脇役。広げたりたたんだり、出したり入れたり、会話しながらのちょっとした動きは、言葉以上に自分自身を物語ります。

　なんだか素敵だなと思う人のしぐさを観察し、取り入れられる事から真似して身につけましょう。研究する価値はありますよ。

大好きな素材や形はいつまでも変わらない私の定番です

オールドマンズテーラー→p.15

ジャケットとコート

　振り返ると母はとってもおしゃれな人でした。娘四人に編んでくれたセーターの配色や形は今でも着れるセンスのいいものです。そういう母だったので、小さい頃の私の服装は白いブラウスとプリーツスカートがお決まり。それも紺とかグレーばかり。小学5年生の時、思い切って今年のコートは自分で選びたいと言った事を覚えています。そして自分で選んだにもかかわらず、紺色が基本の千鳥格子で、それにピンク色が少し入った程度のものでした。時すでに遅しで、フリルとか鮮やかな柄とかはなんとも落ち着かないものになっていました。結婚してターセンに「そんなに地味なものばかり選ばなくても」と言われたほどです。とはいえ好きな色、落ち着く色はそうそう変わらず、やっぱり一番好きなのは紺で、それから白やグレー。基本を押さえてこその明るい色や楽しい柄が選べるのだと思います。そして色も大切だけどサイズも大事。サイズが体に合っているってとっても大切なポイントなのです。

　オールドマンズテーラーの服はデザイナーのしむらとくさんが細身なので、でき上がった服のサイズがぴったりで、体のラインをきれいに見せてくれるから嬉しいです。服はミリ単位のカッティングで全体の印象ががらりと変わってしまうものなのです。圧縮ウールも大好きな素材。その軽さと暖かさは一度着たら忘れられません。サイズと素材、その両方が備わったジャケットはたまりません。幼稚園児のスモックみたいなコートはARTS & SCIENCE。たっぷりとしたＡラインのシルエットや両手を広げるとモモンガみたいになる袖の形、大人のキュートさ満載です。

　何度かチャレンジしたトレンチコートはどうも私には似合わない形のようでした。あきらめも肝心です。

ぴったりなサイズで快適なウエストまわり

J&M デヴィッドソンのベルト

　ベルトは長い間課題の一つでした。いいなと思って買っても、その時履いていたパンツにぴったりでも、他のデニムやパンツに穴が合わない。服の形や生地の厚みで微妙にちょうどいいが違うんですよね。万能にサイズが変えられるものはなんとなくチープな印象だったり、全体が長過ぎたりして、どこか不恰好なものが多い気がします。サイズの調節が自由にできて、着るものを選ばないベルトが欲しいと探していたらJ&Mデヴィッドソンのメッシュベルトにたどり着きました。それはそれは快適で、上質な革とバックルも完璧です。J&Mデヴィッドソンはその昔マーガレットハウエルのお店に時々置いてあり、日焼けしたセレブたちのバケーションを想像させるような大人の遊び心を感じるあこがれのブランドでした。そのバッグやお財布はおしゃれさんの定番ですよね。このベルトなら、だぼっとしたワークパンツだって一日中快適に履いていられます。お腹いっぱいでもぺこぺこでもどんな状況でも対応してくれます。あきらめないで探していると出会えるものですね。

　それは人にも言える事で、なかなか電話してもうまくつながらない、折り返してくれたのに今度は私が電話にでられないなど、何度かそんなことが続くと、あぁ今、このタイミングじゃないんだなって考えます。そんな時はいつまでもその事にとらわれないで気持ちを切り替えます。会うべき人とはちゃんと会えるし、本当に必要なものだったら手に入れる事ができるはずと考えて、欲しいという気持ちを一旦手放すのが私のやり方。もちろん投げやりにならず、できる事はやりつくしてからの事ですが。

J&M デヴィッドソン ◆ 1984年にロンドンのノッティングヒルでスタートしたレザーグッズのブランド。バッグやベルトなど、どのアイテムも「永遠のベーシック」と評されている。

一流品はお手入れで一生もの

バッグのなかをすっきり整頓。
バッグを開ける楽しさを。

ボッテガ ヴェネタのバッグ

　人生でこれほど持ちやすいバッグを知りません。心配し過ぎてついつい増える重たい中身をしっかり受けとめてくれて、それを編み込みの革一本一本が重みを分散してくれているのか、重たいと感じる事なく持ち歩く事ができるのです。随分くたびれてきましたがクリームを塗ったり、クリーニングに出したりして大切に持ち続けています。

　ギャラリーをやっているんだから一流品も知っていなくては、と自分に都合のいい言い訳をして買ったものですが、いいものはやっぱりいいんですね。歴史や技術に裏付けされた職人魂、そんなものに触れている感じです。それでも値段を聞いた親友が「馬鹿じゃないの」って。こういうことを言ってくれる友人は大切です。

　実はある時、もうなにも買わずに暮らしていこうと思った事がありました。そうしたらなんだかぜんぜん楽しくなくて、ウキウキとかもしなくなってしまい、それで気がつきました。欲しい気持ちは生きてる活力になるのかもしれないって。着てみたいとか食べてみたいという気持ちが生きるパワーでエネルギーなんですね。これからもおしゃれをする気持ち、いくつになっても持ち続けたいと思っています。

ボッテガ ヴェネタ ◆ イタリアの職人が丁寧に作り上げたその優れたレザーグッズが長年愛され続けているブランド。

心に残るプレゼントには素直な言葉を添えて

靴のネックレス

「いつまでも一緒に歩いて行こう」。そんな素敵なメッセージを添えて奥さまにアンティークの靴のチャームが付いたネックレスをプレゼントしたのは残念ながら我が夫、ターセンではなく、「スクランプシャス」というブランドをされている中山さんです。

思いは伝えなければいけません。言ってしまった事が記憶に残り、それに縛られてしまうようで、これまで言葉数が少ない私でした。でも言わなきゃ分からないし、せっかく言葉というものがあるのだからいい事も悪い事も言ったほうがいいとターセンにくり返されたおかげで随分自己表現できるようになりました。当の本人は「そんな事言ったっけ？」ってひょうひょうとしていますが。

中山さんのアトリエは数年前に鎌倉から真鶴へ引っ越しをされました。真鶴は大好きな画家、中川一政の美術館があるところで、そばに海があって、自然がいっぱいなところです。そんな素敵なアトリエは時々ショップとしてもオープンしています。細かいギャザーや緩やかなシルエットなど、ちょっとしたところも丁寧な手仕事が見つかる「スクランプシャス」の服。大人のかわいいに気品をプラスしてくれている大好きなブランドです。二人もとってもかわいらしくて、プレゼントに添えられたメッセージそのものの本当に素敵なご夫婦です。いつまで待ってもこんな心に刻まれるプレゼントが私に届く気配はないので靴のチャームの入荷を待って自分で購入しちゃいました。

スクランプシャス ◆ 中山靖さん、則美さんご夫婦が展開しているアパレルブランド。どこか懐かしく、それでいて新しさを感じられる服は古着からインスピレーションを得て仕立てられたものも多く、この靴のネックレスもその一つ。

時にはハイブランドの力を借りて人生に輝やきを

時 計

　20歳で結婚、21で息子、23で娘を産みました。11歳年上の夫ターセンは亥年のＢ型、その勢いもありましたね。子供ができたらアクセサリーなんてしている場合じゃないんだろうなと思ったのですが、出産後すぐにピアスの穴を開けました。いろんな意味で自分の運命を変えたかったのかもしれません。紺や黒など、静かな色のものを身に着ける事が多く、キラキラしたアクセサリーはとても映えます。キラキラが好きっていうと驚かれます。携帯電話もちょっとキラキラしていますよ。

　人と話をしていたり、食事をしたりする時に気になるのは手元。ひらひら美しい手が好きな訳ではなく、働き者の少し節が太かったり、ごつごつした手のほうが好きです。その人の人生が手に表れているような気がします。かくいう私の手は自転車生活で日焼けしてシミもいっぱい、水仕事の多い普通の主婦なので、お世辞にもきれいとは言えません。でも臆せず手を使っていろいろ表現したいと思っています。

　ぷるんとした二の腕だって子供二人育てたんですもの、隠さずに出して夏にはノースリーブも着ます。でも、ここでちょっと助っ人が必要です。ハイブランドのキラキラの力を借ります。とっても上品で精巧な作りに思わずうっとり。くたびれた肌もくすみもなんのその。背筋を伸ばして腕をふって、外にでて歩きたくなります。

　結婚の節目でプレゼントにリクエストした時計たち。携帯電話の普及で時計をする必要性がほとんどなくなってしまいましたが、熟練した職人が長い歴史のなかで作り続けてきたスピリットを身近に感じられます。私にとって大切な大切なお守りなのです。

愛情がたっぷりこめられた、丁寧に作られたものを身にまといましょう

野上さんのストール

　私の戸籍上の名前は香織と書きます。本当の祖母が付けてくれたそうです。本当のというのは、道ならぬ恋で誕生したのが父なので、父は実の父母に育てられていないのです。ついつい物事を難しく考えてしまいがちな自分を変えたくて、ひらがなのかおりを使うことにしました。今ではターセンとかカーリンとか呼ばれていて、子供たちはよく「お父さんたち外国人だったの？」なんて聞かれています。名前は一生のうちで何回も呼ばれたり書いたりするもの。そう名付けられて生きて行くうちに、だんだん名前に合った人格になっていくような気がしています。

　作家さんたちもチクチクする人は布や糸の漢字が、花の仕事の人は木や花の漢字が名前に入っていたり、頼金さんって銀行に勤めていたりする人もいます。全ての人が当てはまる訳ではありませんが、必ずどこかしら名前に合った生き方をしているように思えます。

　私の場合は「香おる、織る」という名前のせいなのか、いいにおいには敏感です。手で織られた作品も大好きで、特に織物作家の野上さんの織ったものは最高の感触です。縦糸と横糸で織られるストールはやさしく首まわりを包んでくれて、冬はもちろんクーラーが効いている真夏も手放せません。謙虚なお人柄がそのまま織られているアイテムにもでていて、巻いていると自分も素直になれる気がします。

　野上さんからマーガレットハウエルが大好きと伺っていたので、マーガレットの還暦のお祝いに野上さんのストールを贈りました。ご本人からお礼のカードが届いて野上家の家宝になっているとか。「織りなす布がいつか誰かを暖めうる……」中島みゆきさんの歌「糸」のようにいろんな人を温める極上品です。

デザイン、機能、文句なし！ 近所の買い物や遠出の旅まで、さまざまな場面で活躍します

キャンバストートバッグ

　トートバッグは働きもの。無口で頼りになる相棒です。自宅からギャラリーへ、ギャラリーから自宅へと、仕事のものからプライベートのものまで、たくさんのものが入れられるので必需品。荷物の多い少ないにかかわらず、近頃出番が多いバッグはトートバッグです。中身が見渡せてさっと欲しいものが取り出せるから、出したり入れたりするのにもストレスがありません。深さがあるとごそごそといつまでも捜したりして、なんだかとってもみっともなく見えます。という訳でサイズ別に小さいものから大きいものまで、我が家ではトートバッグが増殖中です。

　なかでもスタイリストの高橋みどりさんが作ったトートは最強です。いつだったか彼女の車のトランクで整列しているたくさんのトートバッグを見た時は、彼女の仕事を支える実直な相棒の存在を見たような気がしました。このトートバッグのこだわりは、デザインし過ぎないシンプルな白で、ものが入っていなくてもちゃんと立っていられる使い勝手のよさなんだとか。使えば使うほど納得のいくトートバッグです。ケータリングで、紙袋にお弁当を運んでくる料理家のかえるちゃんにもすすめたら大正解。トートバッグを持つ姿も中身のお弁当もいい味です。

　ここ最近、その道の達人たちがこんなものがあったらいいな、こんな形が欲しかったというものを作り始めているように感じます。それを形にしてくれる職人さんたちが、柔軟にデザインや個数の相談に乗ってくれるからこそ実現しているのでしょう。

高橋みどり◆スタイリスト。料理本をはじめ、日常に沿った気取らないセンスのいいスタイリングは男女問わず、幅広い世代から支持を得ている。

履き心地抜群。毎日履きたくなる靴は手放せません

ニューバランス

　ドラマの主人公が履いたり、雑誌で特集が組まれたりして、今や大人気で品薄になっているニューバランスのスニーカー。数年前に足首を骨折してボルトやプレートが入っていると思うと、大好きだったイタリアやフランスの先が細い靴からすっかり遠ざかってしまいました。
　そんな時、手に入れたのがこのスニーカー。購入してから本当に出番の多い毎日です。ギャラリーの搬入や搬出、セッティングの大工仕事は結構ハードです。器が500点ともなる展示になるとダンボールから出すだけで一仕事。でも夕方になって気がつくんです。「足がぜんぜんつらくないぞ」って。足を気にせず一日動けるなんてやっぱりニューバランスはすごいのかもしれません。「すごくいいよ」と何度すすめても、「僕には合わない」の一点張りだったターセンもこのニューバランスのM1400と出会ってから毎日こればかり。いろんなタイプがあるので自分の足にしっくりくるものを選べます。思ったほど服のコーディネイトが制限されることもなく、スカートにもワンピースにも抜け感がでて大人のカジュアルが完成します。
　でもここで大切なのはいつもキレイに履くという事。紐もきちんと結んで靴の裏の汚れも時々拭いたほうがいいと思います。裏革のスニーカーに防水スプレーをすれば、雨の日は最強の履きものだそうです。姿勢もよくなって疲れも軽減。若者だけのものにしておくには勿体ないですよね。

ニューバランス◆1906年にボストンで矯正靴の製造メーカーとしてスタート。履き心地だけではなく、そのスタイリッシュなデザインも人気で、幅広い層を魅了している。

同じパターンなのに、丈が違ったり、生地が違ったり、オールシーズンで履きたいパンツ

広川マチ子◆着やすく、シンプルな洋服のセミオーダーの店「A-materials」のオーナー。行く時は事前に予約が必要。

マチ子さんのパンツ

　吉祥寺には敬愛すべき素敵な先輩たちがたくさんいます。類いまれな才能で手芸の世界に新しい扉を開いたデザイナーの下田直子さん。輸入玩具のパイオニア、ニキティキの西川敏子さん。フランスの古いものやお菓子の奥深さを教えてくれたオリーブさん。お茶とお菓子横尾のみっちゃんに、sweepの木坂貞子さん。そして素敵な生地でオーダーメイドの服を提案する広川マチ子さん。もともとマチ子さんはニューヨーク在住の経験を生かして、アメリカのヴィンテージ生地や手芸の小物を売るお店をされていました。ギャラリーをやって気付いた事の一つに、作家さんはご自分が作られるマテリアルそのものだという事があります。例えばガラスの人はガラスっぽいし、木の人は木、土の人は土だなあと感じる事があるのです。フランス雑貨のオリーブさんはやっぱりフランスっぽいし、sweepさんはイギリス、マチ子さんはニューヨークなんです。好きなことをずっと続けているといろんな意味で同化していくんですね。

　マチ子さんは自分が一番好きで究めたいものは「布」だと確信されて、成蹊大学そばのケヤキ並木のところにアトリエを移し、ご自分がこれはと思う自信作のパターンと生地でスカートやブラウス、パンツなどをオーダーできるお店を始められました。これ！と決めたらまっすぐ進む潔さが、どことなくニューヨークの風を想わせます。なにしろ生地とパターンが素晴らしいので、着ていてラインが美しいのにラクチンとか、しわになりにくいとか、既製服ではあまり見かけないサイドファスナーでお腹まわりがすっきりして見えるとか、微細にわたった工夫や仕掛けに履けば履くほど驚かされます。細身の形とワイドな形、春夏のものと秋冬のものをそれぞれ2本ずつ作ってもらいましたが、どれもヘビーローテーション中です。

持ってウキウキ、眺めてワクワク。笑顔になれる相棒です

白クマトート

　コートやマフラーなどのアイテムをリメイクして、それはそれは愛くるしいぬいぐるみを作る金森美也子さん。さっぱり分からないと言っていたターセンや大人女子たちが、展らん会で「買うならこれかなぁ～」と言い出すから面白いです。たまたまきた宅配便のお兄さんが大きなぬいぐるみを助手席に乗せたい！と買って帰った事もありました。

　美也ちゃんの何冊目かの新刊出版記念のテーマは「白クマ」。絶滅の危機に直面する白クマのためになにかしたいと思い、いざ行動。さまざまな白クマのアイテムを飾り、みんなが少しでも白クマの事を考えてくれるように、展らん会をやりました。なかでも白クマの形のトートバッグは大人気。大中小と三種類作って販売しましたが、今でも問い合わせが絶えないものの一つです。一番小さいのはお弁当入れに。中くらいのは普段のおでかけ。一番大きいものはたっぷりとものが入れられて男の人にも似合います。いい意味で脱力した美也ちゃんが作る動物たちはみんな「受け容れる」事を知っているみたいです。それは決して後ろ向きな事ではなく、強く生きるというメッセージなのかもしれません。

　ある時ギャラリーにきた友人が私と美也ちゃんをまじまじと見て、「あなたたち地球がはじめてだから大変でしょ！」って急に言い出したのです。「えっ！私たち、ほかの星からきた宇宙人って事ですか!?」って驚きました。でもこの時、ちょうど世の中での生きづらさを語り合っていたところだったので、言われた事に対して妙に納得したのを覚えています。この話がネタとなり、会うたびに「異星人だったかもしれないのなら地球のためにできる事をやって行こう」と誓い合っています。

金森美也子◆ぬいぐるみ作家。古着などを素材に使い、世界で一つだけのぬいぐるみを作る。

96

足元をおしゃれに温めて

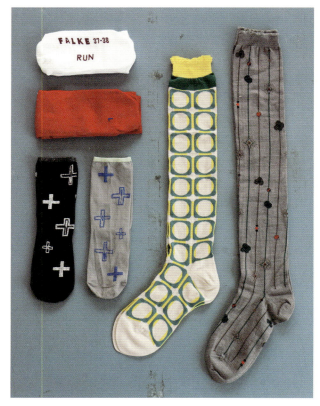

靴下

　私が冷えとりを始めた数年前は本当におしゃれな靴下が少なくて何度もくじけそうになりましたが、下半身を温めるとやっぱり気持ちがいいし、血も巡って肌の調子もよくなると実感できたので続けています。最近ではすっかり認知度も高まり、冷えは万病のもとがみんなの常識。それに伴っておしゃれな冷えとりファッションもどんどん考えられて楽しく選べる時代がやってきました。素足になる事はほとんどないので四季折々の靴下は必需品。パンツも裾が短めのものが好きなのでちらっと見える靴下選びには力が入ります。

　毎シーズンあっと驚くかわいい柄の靴下を作るのはアンティパスト。みつばちが飛んでいたり、雪山をスキーしていたり。履いていてウキウキ楽しい靴下です。白と色鮮やかな赤い無地はドイツの靴下メーカー、ファルケ。つま先にRとLとプリントされていて、左右がちゃんと分かれているのが特徴です。目的別に靴下の作りが違っていて、実用的な考えなのがいかにもドイツらしいですね。十字模様が入ったminä perhonenの靴下も、シーズンごとになにかしら買い足しています。

　私の基本は五本指ソックスとお気に入りのソックスの重ね履き。冷えとりとおしゃれを両立させる道を選んでいます。数年前に骨折した時の経験は「歩く」という事を見直すきっかけになりました。これまでなんといい加減に歩いていた事かと思い知らされました。今からでも遅くない事を信じておしゃれを楽しみつつ、体を温め、トレーニングに励む事をあらためてここに誓いたいと思います。

気持ちいいって事を一番に考えると暮らしが豊かになります

パジャマ

　いったいみんななにを着て寝ているんだろう？ そう考えたら知りたくなっていろんな人に聞きました。一番多かったのはジャージとTシャツ。ゴムパンツとかアンティークリネンのワンピースとか、本当に十人十色でした。
　私はと言うと、一年中パジャマパンツに夏は半袖、冬は長袖のTシャツ、パジャマパンツの下にレギンスです。ゆったりとして軽く、そして動きやすいといい事づくし。寒ければ足して着ればいいし、上下そろえていないので、コーディネイトも楽しめます。ところがこのパジャマの下だけというのがなかなか入手困難。唯一マーガレットハウエルが自社のシャツ生地の残反で作ってくれていますが、パジャマというには結構いいお値段。知り合いのブランドにお願いして作ってもらったり、残反でパジャマを作る企画を考えたりしましたが、作り続けるところまでには至りませんでした。
　寝るまでのちょっとした時間、着心地のいい寝間着とガウンで本を読んだり、お茶を飲んだり。そんな外国の映画やドラマにでてくるシーンのような世界は夢物語なのでしょうか。寝る前に寝間着に着替えるという行為は、「さあこれから寝ますよ」と、脳にサインが行き、睡眠のスイッチが入って寝付きやすくなるそうです。男物のワイシャツにはパジャマパンツにぴったりの生地がたくさんあります。いつだったか新聞に「ワイシャツとおそろいでトランクスを作ります」という広告が載っていました。ならばパジャマのパンツもお願いできないでしょうか。

履き心地もかわいらしさも兼ね備えているので、手放せません

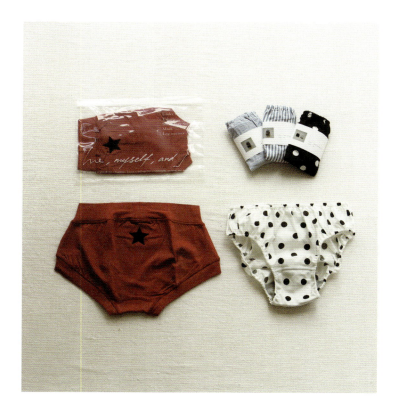

me,my self,and I(左)◆スタイリストの三上津香沙さんが始めたブランド。自身でプロデュースした商品をはじめ、長く使えて人にも環境にもやさしいものがたくさんそろう。
手式(右)◆毎日着たい下着をコンセプトに、シンプルで着心地のいいパンツを紹介し続けている姉妹で展開しているブランド。

春夏 秋冬のアンダーウェア

　引き出しのなかをすっきり片付けたい。それには基準をしっかりと持つ必要があります。あれもよさそう、これもいいかもとその時の思いつきや出会いで買物をしていたら、いつまでたっても引き出しのなかはすっきりしません。でもこれがなかなか難しく、いいと思って買い続けていたものが突然廃番になったり輸入しなくなったりすると、困ってしまいます。

　特に下着は手頃な値段でいつも新しいほうが気持ちいいのですが、条件に合うものを作り続けてくれるブランドが少ないんです。それにこれだけ寒暖差のある日本で一年中同じ下着というのも「どうかな？」と思い、春夏のものと秋冬のものに分けて考える事にしました。春夏はさらっとした着け心地、秋冬は適度なフィット感があって暖かさ優先。そのように考えると引き出しのなかも衣替えができ、季節ごとに分けられるのですっきりしました。

　春夏は「手式」というブランドのパンツ。ジブリの主人公が着けていそうなレトロなイメージです。でもこれが本当に涼しくて気持ちいいんです。素材はもちろんカッティングも考え抜かれていて、熱い日本の夏は最適です。

　秋冬はスタイリストの三上津香沙さんがやっているネットショップ「DREAMING OF HOTEL BABYLON」で販売されているオリジナルブランドのme,myself,and Iの赤いパンツ。ご本人も冷えとり実践中なのでおしゃれで保温性に優れたアイテムが並びます。オーガニック素材なので肌触りもよく、さらに赤は色のパワーでも体温を上げてくれるのだとか。寒くても赤いパンツだから大丈夫！ 冬のシーズンを支えてくれる強い味方です。

学ぶ

　通っていた高校の裏手には動物園があり、バス通学だった私の定期券には「動物園前」というかわいらしい文字が印刷されていました。時々「ただいまイノシシが逃げましたので生徒の皆さんは教室からでないで下さい」って校内放送が流れたりする学校でした。このカトリックの学校には同じ敷地内に修道院があり、大勢のシスターたちが畑を耕したりして暮らしていました。全てを神様に捧げる人生もあるんだと身近に知る事ができたのは本当に貴重な三年間だったと思います。

　大人になって結婚して子供を育てたり、働いたりして思うのは他者と共存する事の難しさ。私が言っている事は正しいのに、こうすれば絶対うまくいくのに、思い通りにならない事だらけです。でもそんな時、なぜか思い出すのは静寂なあの礼拝堂。お化粧など一度もした事のないつるつるのすっぴんに大粒の汗をかきながら英語や音楽を教えてくれたシスターたちの姿は今でも心や脳裏に焼きついていて、必要な時に思い出し、今でも私を導いてくれています。

　「人を思うようにしようと思わない事。悲観的になり過ぎない事。なにもできないけれど静かに祈ろう」いろんな事があるけれど、戻る場所がここにあります。

姉のいろいろ

　毎日のご飯を丁寧に作ろうと思うのはやはり母の影響だと思います。季節ごとに白菜を漬けたり、お豆を煮たり、お弁当にはよく太巻きが入っていました。夜遅い商売だったのにいつも丁寧に作られた食事が食卓に並べられていました。

　私たち四人の姉妹がそれぞれなにかしら「食」にまつわる仕事をしているのも不思議な事です。特に三番目の姉は、手のかかるきんかんの甘露煮を毎年山のように作っては「しあわせ〜」って言っています。あの小さなきんかんに切れ目を入れて、ようじで種を取るなんて私にはそんな根気はとうていありません。きんかんが一段落すると、お豆を煮たり、ジャムを作ったり、そしてようやくガス台が空くとお惣菜を煮て容器に詰めては東京まで送ってくれます。この間なんて、パン粉を付けたコロッケが「揚げるだけです」ってメモ付きで姉の住む福岡から届きました。自家製の冷凍食品が届くなんて笑っちゃいますよね。でも、たくさん「お取り寄せ」をしては小分けにして配っている私も同じような事をしているよってターセンに笑われます。

　それに加えて姉は本当によく犬や猫を救出しています。動物たちに呼ばれちゃうのか、いつもと違う道を通ったとたん、車にはねられた猫とか側溝に落ちた犬とかに出会うんです。だからいつも車には毛布やタオルが積んであります。小さい頃から大きな手術を何度も経験して、20歳までは生きられないだろうと言われてきた姉はもうすぐ古希を迎えます。まるで今まで救ってきた動物たちが姉を守ってくれているようです。

　誰かの役に立ちたい。誰かに喜んでもらいたい。そんな家系である事は間違いないです。

3章

食べる

本当に美味しいと思うのは
愛情がたっぷりかけられたもの。
栄養素とかカロリーとかと違って、
数値として計測不可能な「愛情」こそ、
食にとって一番大切なものかもしれません。

調味料の力で豊かな食卓になります

調味料いろいろ

　料理をする上で素材と同じくらい大切なのが調味料です。お酒も料理酒じゃなく、そのまま飲んでも美味しいものを使えば、ぐんと味がよくなります。お醤油もみりんも昔ながらの製法で作られた、無駄なまじりけがない、素材にもこだわったものを選びます。
　留学した息子にも持たせた寛政元年から続く「鎌田醤油」のだし醤油。冷や奴も野菜炒めもこれ一本で味が決まります。薄めて使えばおうどんやおそばのつゆにもなります。オリーブオイルは、イタリアのメーカー、「マルフーガ」と「ジャッキ」と決めています。マルフーガは有元葉子さん、ジャッキは大好きな吉祥寺のイタリアンレストラン「リストランテイマイ」で教わりました。フレッシュで香り高いものはジュースのようにフルーティーです。
　最近のヒットは香川県でイタリアン野菜を作っている「ロロロッサ」のレモン塩。レモンは素晴らしい調味料です。レモンと塩が一つになったレモン塩とオリーブオイルがあれば、焼いただけの野菜やお魚が美味しくいただけます。イタリアの調味料であるバルサミコは結構個性的な味なので、一本使い切る事がほとんどありませんでしたが、白バルサミコというくせの少ないすっきりした味のものを教わってから日本のお酢の感覚で気軽に使うようになりました。オリーブオイルとあわせてドレッシングにすると最高です。
　酢の物が大好きな私ですが、お出汁をとって塩と砂糖、薄口醤油で作る合わせ酢が面倒くさい時もあるんです。そんな時に使うのが、老舗食酢メーカー「九重雑賀」の、その名もずばり、お手間とらせ酢。お出汁いらずで、調味料をあわせなくてもこれ一本で感動的な味になります。野菜をゆでたり塩でもんだりしてひたひたにすれば美味しい酢の物のでき上がり。本当に調味料に助けられ、支えられている食生活です。

人や畑とつながる信頼関係

野菜の配達

　元気がでない、おかしいなぁと思っていた時期がありました。そんな時は夕方の食料品売り場へ行っても、閉店後にどれだけのものが捨てられてしまうのかと考え込んでしまい悲しい気持ちになってしまうのでした。血液を詳しく調べてもらったところ、副腎からでるホルモンが足りていないとの事。ホルモンを補充する自然由来のサプリメントと、腕に塗る山芋成分のクリームを処方してもらいました。1カ月が経った頃、エキナカの食料品街を歩いていたら「うわ〜どれも美味しそうだな」って感じている自分に驚きました。お財布に「三千円も入っている」って思えるポジティブな人もいれば、私みたいに「三千円しか入っていない、どうしよう」って思うネガティブな人もいて、事実は同じなのに受け取り方で180度変わってしまうものなのです。

　食べ物に関して、震災後なにを選んで、どう食べればいいのか改めて考えさせられました。そして私が出した答えの一つは、自分にとって一番大事だと思っている事は信頼関係だという事です。畑にでかけて野菜や果物を、海へでかけて上がった魚を全て自分で確かめる事は不可能です。結局は直感を信じて作り手が発信している事に耳を傾けて選ぶしかありません。よく見て耳を澄ませばそこには無農薬や昔ながらの製法にこだわりながらも、作りたい、食べてほしいという熱意に溢れる作り手を見つけることができます。

　野菜の事を愛してやまない青果卸店、築地御厨さんの仕事ぶりが大好きです。自然栽培の野菜を中心に、全国の信頼のおける生産者から選りすぐられた季節の野菜が月に2回、定期的に届きます。もちろん近所のスーパーでも買い足しますが、自分で選ばない、使った事のない野菜が入っているのも楽しいです。

ほんのり微炭酸の大人なブドウジュース

ポールジローのブドウジュース ◆ フランスのコニャック醸造家ポール・ジロー氏が自分の子供たちに飲ませるために作った無添加100%のスパークリングブドウジュース。

ポールジローのブドウジュース

　子供が生まれてから運転免許を取ろうと頑張りましたが、サンフランシスコへ転勤が決まり、なにもかもが中途半端な状態で結局日本で習得する事ができませんでした。サンフランシスコは本当に車がないと身動きがとりにくく、名物のケーブルカーも２年間かけてのリニューアル中だったので、免許証の取得は必須でした。試験はあくまでも合格させる事が目的で、４カ国語を選べる筆記とやさしい実技であっけなく高得点で合格しました。フリーウェイもスイスイ走行して、引田さんの運転が一番安心と言われるほどだったんですよ。ところが帰国してみると車道には車だけじゃなく、人も自転車もいるではありませんか！　どちらかが避けなければ通れない狭い道も両方通行。アメリカの広い道路での運転にすっかりなれてしまった私は潔く日本での運転をあきらめました。そしてあきらめたことがもう一つ。それはお酒です。一升瓶で購入するほどカリフォルニアワインを飲んでいたのに、帰国してからなんだか頭が痛くなったり、二日酔いしたりして、体に合わなくなっていました。住む場所や環境でいろんな事が変わるものなんですね。帰国してからお酒がすっかり弱くなってしまった私は、大人が飲んでも美味しいと感じるノンアルコールの飲み物を探していました。

　そんな時にいただいたのがポールジローのブドウジュース。甘過ぎない微炭酸の、のどにすっと通る味わいは食事にも合います。ボトルのデザインもとってもおしゃれでテーブルにそのまま置いてもしっくりきて、すぐ気に入りました。ギャラリーをやっていると、いろいろな方から手土産をいただく機会が多く、そのどれもがとってもスペシャルでこれまで知らなかったものばかり。いただいた事がきっかけで我が家の定番になり、リピートするものがたくさんできて嬉しいです。

茶葉を選ぶ楽しいひと時を大切に

お茶いろいろ

　ご近所に「ビシュエ」というクラシックな喫茶店があります。そこのフロマージュがとても美味しくて、お菓子好きに出すと喜ばれます。プリンみたいな食感の濃厚なチーズケーキで奥深い味わいです。そしてその店で出会ったのが嬉野でお茶の生産、販売をしている太田さんが作った無農薬の紅茶。この「うれしの紅茶」は、くせのないすっきりした飲み口でお菓子の味を引き立たせます。気に入ってもう何年も我が家の朝の定番紅茶です。以前、『栄養と料理』という専門誌で菓子・料理研究家の山本ゆりこさんが、日本の紅茶のクオリティの高さに驚いて太田さんを取材し、その記事を読んで無農薬でお茶を作る事の大変さを知り頭が下がりました。ほかに気に入っているのは富士の裾野に広がる不二聖心女子学院の広大な茶畑、不二農園で作られる「ただにしき」。渋みが少なく、でもしっかりとした味と香りのする、こちらも滋味あふれる美味しい紅茶です。日本の紅茶が美味しいのは本当に嬉しい事です。

　海外で作られたもので好きなのは、サンフランシスコの「ファーリーブスティー」。輸入元のオールドマンズテーラーがデザインした赤い箱にノスタルジックなラベルを貼ったパッケージもキュートです。ルピシアのグレープフルーツを感じる緑茶は夏の定番。くせがなくどんな料理も受けとめてくれます。お客さまにお出しすると、帰りに買って帰りますと言われるほど。黄色いパッケージのハーブティーは「SONNENTOR」。月の満ち欠けにしたがってハーブを栽培し、良質の茶葉だけを丁寧に摘み取って作られた神秘的なブレンドが楽しめるハーブティーです。

　味や香りにこだわって好きな時に好きなお茶を選んで楽しむのが、私の暮らしのなかの大切なアクセントになっています。

我が家の冷蔵庫になくてはならない存在です

山本道子さんのプラム

　明治7年に創業した日本で初めての洋菓子店「村上開新堂」の5代目、山本道子さん。時々雑誌でお見かけするお姿は凛としていて清潔感があり、美味しいものを追求している人だなぁと感じていました。このプラムの赤ワイン煮は友人にもらったのをきっかけに、何年も取り寄せ続けている我が家の定番です。冷蔵庫にこの瓶が見当たらないとなんだか淋しいと感じるほど。食後になにか大袈裟でないデザートが欲しい時、ちょっとくたびれてきた小休止のお茶タイムに、丁寧に作られた味を大切にいただきます。

　ドライフルーツは太陽の光をあびてその味と栄養がぎゅっと濃縮されていると言います。でも消化の力が少し弱い私の胃腸にはそのまま食べるよりも、こうしてふっくら煮てあるほうが負担も少ないようです。やわらかく品のある味で大好きだけど、食べ過ぎない事も大事なお約束。濃厚なシロップはそのままゼラチンで固めてプラムゼリーに。これまたプラムの実に劣らないとても美味しいゼリーになるんですよ。

　ちょっと夏バテ気味の方に、仕事が立て込んであっぷあっぷの友人に、とっても喜ばれるひと瓶です。みんな口をそろえて「食べ過ぎに注意ですね」って言っています。

おにぎりは具材や形を変えていろいろなバリエーションが楽しめます

京都雲月の小松こんぶ ◆ 京都の料亭「雲月」で懐石料理の一品として出されていたものを試行錯誤を重ねて持ち帰り用にしたもの。風味豊かで品のある味は手土産にも人気。

おにぎりの具材

　飽きずに一年中どんな時も食べられるもの。私にとっておにぎりとはそんな存在です。食欲がない時も、時間がない時も、いつだって私を助けてくれるソウルフード。とは言え、何度練習しても三角ににぎれず、楕円や俵、はたまたまんまるのボールになってしまいます。おにぎりはやっぱり三角ににぎりたい、と常々思っていたら、吉祥寺にある「割烹 みや田」で最高に美味しく、理想的なおにぎりに出会いました。形はもちろん三角。カウンターに座っては、おにぎりをにぎる店主宮田さんの手元をしっかりじっくり観察しました。そして発見したのが、米粒をつぶさないようにふんわり軽くにぎる事と、意外とお塩はたっぷりな事。このコツと味をイメージしながら、あこがれのおにぎりに近づけるように日々トレーニング中です。

　好きな具材は、梅におかかにさけ、たらこなど、おにぎりの王道。でもあらかじめ混ぜご飯にするやりかたも大好きなおにぎりです。今回は我が家で定番の具材を紹介します。

　料理家で栄養士のかるべけいこさんの鉄火味噌は、根菜を限りなく細かいみじん切りにして長期熟成させた赤味噌と混ぜ、水分が飛んで細かくパラパラになるまで煎って作られます。頭が下がる根気のたまものは栄養もあり、味わい深いです。すっぽんのエキスで炊いた京都雲月の小松こんぶも、しみじみとする大人のしょっぱさです。乾燥タイプの大根葉のふりかけは、色も鮮やかで食欲をそそります。どれもご飯とまんべんなく混ぜて握っています。

　そして、やっぱり三角に握りたい思いは募るばかり。上手に三角むすびが握れる娘に習ってみようかな。

ハワイで誕生した幻の白いハチミツ

オーガニックのハチミツ

　これまで100回以上は行っているハワイ通の友人にもらった白いハチミツ。ラスベガスで行なわれたアメリカンハニーショーで最優秀賞をとったハチミツだそうです。今まで買ったりもらったりしてもなかなか使いこなせてなくて、棚の奥で淋しそうなのが我が家のハチミツでしたが、この「レア・ハワイアン・オーガニックホワイトハニー」をひとなめしたとたん、その上品な美味しさにびっくり。クリーミーで品のあるくせのないハチミツはこれまで食べたものとはまったく別の味です。パンに付けたりヨーグルトに入れたり、あっという間にひと瓶使い切ってしまいました。ハワイ島に自生するキアヴェという大木の花から密を採取したまっ白なハチミツは、非加熱、無ろ過製法で作られ、高い抗菌性と酵素を含んでいるそうです。ハワイへ行くと言う人を見つけてはお土産におねだりをしていましたが、いよいよ日本でも販売されるとの事で嬉しい限りです。そして東京には世界中から美味しいものが集まりますね。違う土地のものがいろいろ買えてしまうというのは少し複雑な気持ちではありますが、美味しいものが食べられるのは、やっぱり嬉しいです。
　現地の方が大切に育んできた食べ物を分けていただける、お互いの欲しいものを交換する。そんな緩やかで思いやりのある世界がいいなぁと思っています。

私のおやつの原点です

かえるちゃんのカステラ

　小さい頃から熱を出すと必ず食べたくなるのがカステラでした。だから料理家のかえるちゃんのカステラに出会った時の感動はひとしお。素朴でやさしさが込められていて、やわらかく食べ応えがあって、市販のものでは味わえない美味さがいっぱい、いっぱい詰まっていました。かえるちゃんのカステラは義理のお母さんから教わったレシピだそうです。代々受け継がれて誰かの心や体をしあわせで満たしてくれているんですね。食べ物の力って本当にすごいです。

　私は豪快に食べたり飲んだりできる体質ではないのが功を奏してか、すごく美味しいものを見つける技が自然と身につきました。そして出会った美味しいものをくり返し、細く長く食べ続けます。それに対し、ターセンは好奇心が優る人なので果敢になんにでも挑戦しては失敗談を増やしています。それはそれでいろいろな種類を食べられるから面白いのですが、お土産だけは頼んだものを買ってきてほしいです。

松本朱希子（かえるちゃん）◆料理家。京都の大学に在学中、料理家の平山由香さんのアシスタントを経て、井上由季子さん主宰のモーネ工房で暮らしまわりについて学ぶ。旬の食材を使った料理やおやつを提案している。

122

世界で一番大好きなチーズケーキ

tatin のチーズケーキ

　2007年に fève の近所に3坪ほどの小さなお店ができました。「チーズケーキが美味しいんですよ」と知人にすすめられて立ち寄ったのがはじまり。店主の渡部さんが黙々と淡々とお菓子を焼いている姿とはにかんだ笑顔がとっても印象的でした。バニラエッセンスが効いたチーズケーキは女の人だけではなく、甘いものが苦手な男の人にも喜ばれます。品のある箱に入っていて、プレゼントや手土産などにもぴったりです。

　軒下でチーズケーキの販売をスタートさせ、翌年には吉祥寺でお店を構えた渡部さん。その後あれよあれよと結婚、出産と、人生の一大事をサクサクこなし、アトリエも杉並へ移転して、仕事と家事育児を両立させながら現在では通信販売やイベントを中心にお菓子作りを続けています。

　私はいつもプロとアマチュアの差ってなんだろう、男の人が作るのと、女の人が作るお菓子の違いはなんだろうと考えていました。男女に関係なく、プロの仕事はぶれませんから大失恋したとしてもその味は変わらないでしょう。でも男の人はもっと大きくもっと有名にと気持ちが大きくなりがちですが、女の人たちはそうはなりません。自分の目の届く範囲がちょうどいいと考えています。「私は街のお菓子屋さんがいいんです」。そうきっぱり言い切る彼女たちの静かな強さとやさしさが生み出すものは、いつまでも食べていたくなる味。彼女たちは「おやつ」を作るプロなのかもしれません。

ベーグルほっぺの姉妹が作るやさしいおやつはママンの味

バナナケーキ

　大正通りにお味噌を売るおしゃれなお店があり、味噌スープのロールキャベツは人気メニュー。店構えもカフェのように親しみやすく、素晴らしい日本の発酵食品である味噌を今の暮らしに取り入れやすいメニューで提案しています。
　その店の軒先で時々ベーグルを販売していたポチコロ姉妹。もっちりとしたベーグルやお菓子はたちまち評判になりました。二人のほっぺみたいにかわいく膨らんだベーグルの美味しさに、ベーグルの人気を疑っていた事を深く反省しました。そのほかにスコーンやクッキーなどお菓子もいろいろあって、それがどれも本当に美味しいのです。
　中でも完熟バナナがたっぷり入った分厚く切られたバナナケーキは大好物。吉祥寺に自分たちのお店をと随分探していましたが、結局西荻に決まったと聞いて本当に残念でした。しかし今でもおやつに食べるのはこのポチコロのバナナケーキです。ひと切れが分厚くて、見ているだけでもしあわせな気分になります。
　fève弁(p.132)のパン部門にポチコロのベーグルサンドがあって、それとあわせて食べたいおやつです。

ポチコロベーグル ◆ 西荻窪の商店街にある姉妹で営むベーグル専門店。

一度は食べた事のある定番ケーキなのに驚きの食感です

シフォンケーキ

　姉妹が一緒に展らん会をするという時期が続いた不思議な年がありました。お菓子を作る「foodmood」のなかしましほちゃんと、編み物の作品を作る三國万里子さん姉妹との出会いもこの年でした。二人はあっという間に人気者になり、書籍なども多くでて、中々買えないお菓子と作品になりましたね。
　まだ一人でお菓子を作っていたしほちゃんは、姉妹の展らん会で出すお菓子を焼くために自宅のオーブンの前に布団を敷いて、寝る間も惜しんで毎日毎日たくさんのお菓子を焼いてきてくれました。私もターセンも、卵や牛乳、バターを使わないのに大満足できるしほちゃんのお菓子に本当に驚きました。シフォンケーキも今まで食べていたものとはぜんぜん違っていて、手でちぎれるくらい弾力のあるしっとりしたシフォンケーキです。食事のあとでも、むしゃむしゃといくらでも食べられてしまいます。そのやさしい味わいは、まっすぐで誠実な彼女の人柄が表れているようです。
　緊張しても行き詰まっても、美味しいお菓子があれば気持ちがほぐれ、甘いものたちにいつも助けられていた気がします。お菓子を食べるひと時に支えられて、なんとかここまでこれた気がします。

なかしましほ◆料理家。体にやさしい素材を使って作る「foodmood」というお菓子工房を国立にオープンさせ、大人気に。

美味しい記憶は宝もの

パンケーキミックス

　子供たちがまだ小さい頃、はじめてのお手伝いはホットケーキ作りでした。ボウルに卵と牛乳を入れて、粉も入れて、ぐるぐる、ぐるぐる混ぜて行きます。テーブルにホットプレートを出して生地を落とせば、大きいのやら小さいのやら、さまざまなサイズのものができ上がります。週末の朝ご飯の定番で、本当によく焼いていました。

　子供たちの成長につれ、なんとなく忘れかけていたパンケーキ。名前もホットケーキではなくパンケーキと呼ばれるようになり、朝ご飯がブームなのかあちこちに専門店ができてどこも大行列。でも外国で食べるようなびっくりするくらい何枚も重ねられたパンケーキや生クリーム、フルーツなどがたっぷりのったトッピングは、とても一人では食べきれません。

　そこで気付いたのが、自分がパン屋だって事。「あれ？　いろんな美味しい小麦粉が身近にたくさんあるよね」。そうと決まれば即行動。粉を使ったお菓子作りがお得意の料理研究家の桑原奈津子さんに配合をお願いしてついに完成しました！　ダンディゾン×桑原奈津子のスペシャルパンケーキミックス。何度も試作を重ねてたどり着いたのは、懐かしくて素朴な味わい深いパンケーキ。粉の味がしっかりしているのでなにもつけなくてもむしゃむしゃ食べられます。そのままでも十分美味しいのにメイプルシロップをかけるとさらに格別。冷めても味は変わらないので、たくさん焼いて翌朝はそのままソーセージにくるりと巻いて食べれば朝ご飯のメインにもなります。夫婦二人になって、またパンケーキの朝ご飯が復活しました。どんどん焼くのが上手になるねとほめられながら、今日も美味しくいただきます。

桑原奈津子 ◆ 料理研究家。製粉会社の開発、カフェのベーカリー部門やキッチンなどを経て独立。

懐かしい母の味は姉が引き継ぎ、今でも時々送ってくれます

made by 姉

　誰かがお腹をすかせているという状態にめっぽう弱い我が家の家系。小さい頃から集まるたびに「お腹すいてない？」が合い言葉。結婚してからも変わらず、「家にな〜んにも食べるものがないよ」って事が一度もなかったです。私のすぐ上の姉は、なんでもたくさん作っては配るのが生き甲斐。作ったものを人にさしあげていたら、そのうちに売ってほしい、買わせてほしいと言って下さる方がいて、小さな小さな手作り食品を販売するブランド「M'sキッチン」を立ち上げました。なにしろなんでも全力投球で最初から最後まで一人で完結したいタイプ。黙々と一人で作る作業は性に合っているのでしょう。果物を煮てジャムを作ったり、きんかんをまるごと煮て甘煮にしたり、時間をかけてじっくり作ります。ブルーベリージャムときんかんの甘露煮はリピートして下さる方やお店に置いて下さるところも増えてありがたい事です。

　40年物のぬかみそも深い味わいで、いろんな野菜を刻んで瓶に詰めたものを送ってもらっています。紫の大きい花豆も時々煮たくなるようで、山のように煮てはタッパーに詰めて送ってきてくれます。届いたそれらをまた小分けしていろんな人に配る私。姉と同じように配りたくなる性分なので、姉妹って本当に似ていてなんだか笑っちゃいますよね。でもやっぱり手作りの味は特別です。なんでも簡単に手に入る時代ですが、家庭の味だけは別格です。

　楽しい記憶は美味しいものとつながっていませんか？　あの時あれ食べたよね……って。ただいまって開けたドアから夕飯のにおいがして、ああ今日は肉じゃがだなとか、カレーだなとか、そういう記憶は宝ものだと思うんです。美味しいものをたくさん作り続ける私の姉。この年になっても姉が隣に住んでいたらなって思わずにはいられません。

fève弁

ギャラリーを始めた当初は頑張ってお弁当を作っていましたが、
経営しているパン屋のまかないの事もあり、
お母さんみたいなお弁当を作ってくれる人を探しました。
グルメのような美味しさではなく、愛情を込めて作られたものが食べたかったのです。
いろんな嬉しい出会いがあって、今は本当に充実したお昼ご飯。
美味しいお弁当で一週間の展らん会を元気に乗り切っています。

● かえるちゃんのお弁当

野菜や魚など、季節の恵みをそれはそれは丁寧に料理して作るしみじみ美味しいお弁当です。かえるちゃんのお弁当を初めて食べた時は本当にびっくりしました。食材の栄養が体にしみ渡り、お腹の底から力が沸いてくる感じがするのです。そこには美味しいを飛び越えたなにかが確実にありました。

震災のあと、気持ちの整理がつかず、どうすればいいか悩んでいた時、送られてきたジャガイモに「生きろ」と言われた気がしたという友人がいました。私はかえるちゃんのお弁当にも同じ事を感じました。野菜や果物、穀物など、あらゆる食材を育ててくれる土や水はつながっていて、「ああ美味しい」と思ったり、「ごちそうさま」と心から感謝したりする事で、生きる力を授けてくれる自然の恵みを本当の意味で受け取る事ができる気がします。

松本朱希子(かえるちゃん)→p.121

おむすび ★栗むすび ★きのこむすび
★さつま芋と新ごまむすび
おかず ★さんまのコンフィ ★秋なすサラダ
★しその実だし巻き卵 ★しょうがのピール
★カボチャのさつま揚げ ★根菜煮

◉たまちゃん弁当

双子のたまちゃんは根っからの食いしん坊。年に一度、海外へ食い倒れの旅へ行くほど食べるのが大好きです。そんなたまちゃんは毎日旦那さまのためにお弁当を作っています。四季折々の食材で作る保存食の入ったとっても楽しいお弁当です。日々培われてきたアイデアと保存食を組み合わせて作られるたまちゃんのお弁当でパワーをチャージしています。

たくまたまえ◆東京の下町生まれ。旬の野菜や果実を使った保存食を"たまちゃん印"として不定期で販売している。毎朝作るお弁当をブログ「たま弁」で紹介。

```
ご飯の上に　★鶏そぼろ＆炒り卵
★さやいんげん（ごま油と塩）
おかず　★生さけの照り焼き
★さつま芋の煮物　★みょうがの甘酢漬け
★サラダ（ミニトマト、ラディッシュ、ブロッコリー）
★カッテージチーズハチミツ和え
```

◉ちえちゃん弁当

テレビや雑誌などの料理の仕事が忙しいちえちゃんは、音楽大学のピアノ科を卒業した料理家です。多忙にもかかわらずお弁当を作るのが本当に楽しいと言ってくれます。作るのが嬉しくて毎回おかずを作り過ぎてしまうんだそう。最近ではインド人のおばさまにスパイスについて習っているとかで、それを取り入れたちょっぴり異国の香りがするお弁当です。

中山智恵◆料理店での経験を経て、雑誌やテレビ、広告、イベント、ケータリングなど多方面で活躍中。素材の味を生かした温かくて力強い料理に定評がある。

```
ご飯の上に　★黒ごまと小梅
おかず　★ラーパーツァイ（柚子胡椒風味）
★卵焼き　★里芋と三つ葉のスパイシーサラダ
★ズッキーニのナムル　★カボチャの煮物
★ごぼうとオリーブのトマト煮込み
★うの花
```

日々のご飯

◉ 朝ご飯

ダンディゾンのバケットをフレンチトーストに。遅い朝食は軽めにします。

◉ 昼ご飯

夏に食べたくなるのがとうもろこしご飯。にんじん、ポテトサラダ、きんぴらに、姉から送られてきた花豆を添えて。

◉ 夜ご飯

三重から届いた鯛の味噌漬け定食。大根のお味噌汁は濃いめのかつお出汁で。春菊とささみのポン酢和えは、たまちゃんから教わったレシピ。ターセンが始めたぬか床で美味しいきゅうりのお漬物。

◉ 夜ご飯

大好きな餃子も、人数が多いと焼いてばかりで食べた気がしないのが主婦の悲しさ。夫婦二人で24個。二人だと気軽に作ってゆっくり食べられる夕飯です。

私が毎日食べているご飯を紹介します。
何度も作り続けている定番から旬のものまで、その日の気分で
好きなものをいただきます。

● 朝ご飯

大人になってよかったと思う事の一つは、好きなものを食べられるって事。ダンディゾンのパンと同じくらい好きな八王子にあるチクテベーカリーのパン。それとおしるこ！

● 昼ご飯

「カトキチ」の冷凍稲庭うどんは我が家の常備食。「三之助」の油揚げをさっとあぶってせん切りにして、ネギをたっぷりのせていただきます。

● 夜ご飯

小あじの南蛮漬けに、焼きなす、里芋の煮物。たっぷり作っていただきます。

● 夜ご飯

お肉は食べなくても全然平気。「たまには食べなさい」というターセンの命令のポークステーキは、にんにくたっぷりのバター醤油味。クレソンとトマトのサラダはたっぷりと。

愛犬トト

　犬と暮らす日がくるなんて夢にも思っていませんでした。小さい頃は野良犬がウロウロしていて本当に怖くて、給食で残した食パンがランドセルに入っているからなのか、振り向くと目をギラギラさせた痩せた犬があとを付いてきていて、走って逃げると追いかけてきました。怖いと父に相談すると、「万が一噛まれたら犬の口に手を入れ、のどまで押し込めば驚いて逃げていくから」という、とんでもないアドバイス。その頃、年の離れた一番上の姉が結婚して「トラ姫号」という名をつけた大きな秋田犬を飼い始めました。ある日、姉の家に遊びに行くと、工事に入っていたおじさんがトラになにか食べ物をやったらしく、後ろから近づいた私は手をがぶりと噛まれ、救急病院で大きな注射を打つ事に。そんなこんなでハアハアと高い体温でせまってくる、よだれをたらす犬とは仲良くなれず、「私には近づいてこないで下さい」とお願いしながら生きてきました。

　こんな母親だったにもかかわらず、息子は大の動物好き。留学した途端犬を飼い始めました。「かわいいでしょ」とメールで写真が届いても家族は皆クールな反応。それから6年後、当然犬と一緒の帰国。「ありえない。家に犬がいる生活なんてムリムリ、絶対無理」でもいざトトと一緒に暮らしてみるとなんだか犬なのに猫みたいにおっとりしていて、吠える事もなく本当におりこうさんでした。一人暮らしを始めるという息子に、「トトは置いて行ったほうがいいんじゃない？」って言っている自分の変わりように私自身が一番びっくりしています。

　でも一つ気掛かりなのはトトがどう思っているかって事。そりゃあ息子と一緒がいいに決まっています。縁あってアニマルヒーラーにトトの気持ちを通訳してもらうチャンスがあり、そしたら今とってもしあわせだとの事。そしてもう少しいい加減でいいよって！（笑）。犬と仲良くなれて本当によかったです。サンキュ、トト。

4章

ビューティー&ヘルス

気持ちがいいという正直な感覚を最優先に。
自分を甘やかしている訳ではなくて、
体の声に耳を澄ます大切な習慣だと思っています。
いい香りも体を温める事も、
「気持ちいい」と思える事が大切です。

気持ちは香りで癒されます

マッサージオイル

　実家は商売をしていたので、従業員やお客さんなど、家にいても人の出入りが多く、たくさんの大人たちといる時間が長かった気がします。そのせいか、昔から妙に冷めたところがあり、本音と建前を使い分ける大人たちにほめられても心底喜べないかわいげのない子供でした。こんな私が母親なのに娘はびっくりするくらい直情型。「大好き！」って大声で言えるし、仕事で疲れ果てて玄関で大泣きもする一人演劇部みたいなところがあって、我が子ながら本当に面白いです。もちろん父親からの遺伝もあると思いますが、同性としてなんだか羨ましくもありました。私も嬉しい時は「嬉しい！」って言ってみようかな。悲しい時は「わ〜ん」って泣いてみようかな。そんな事を思えるようになったのは間違いなく娘のおかげです。そうは言っても長年、感情のままに生きる事になれていなかったので、急に変えようと思っても中々できる事ではありません。時折、感情を表に出せたとしても、大人げなかったなぁ、タイミングを間違えたなぁとかマイナスの方向に考えてしまいます。

　そんな「くよくよ虫」がでてきたら、ゆっくりとお風呂に入ってマッサージをします。大好きなグレープフルーツの香りのする「キャロルフランク」は朝の入浴タイムの全身用。ニューヨークで誕生した「john masters organics」のアルガンオイルは夜の洗顔後に顔や頭を。スイスのオーガニックコスメブランド「WELEDA」のボディオイルは筋肉痛や肩こりにと、気分によって使い分けています。その日の気分で選んだオイルを手に取り、首や頭、腰や肩をくるくるとまわしながらもみほぐして行きます。なんであんなこと言っちゃったのかなぁってもやもやも、冷たい態度だったかなぁってくよくよも、ほぐしてほぐして洗い流します。

手軽に使える温熱刺激療法

イトオテルミー

　サンフランシスコへ転勤してはじめて小児科へ行った時は衝撃的でした。待合室にはいっぱいの風船、先生のウエアは赤と白のストライプ。そしてのどを照らすライトのスイッチを点けたり消したり、魔法使いの声色で話しかけたり、まるでテーマパークのようでした。救急以外は予約制なので待たされる事もありません。日本の病院みたいに元気じゃないとこれないなぁという混雑や待ち時間の長さは一度も経験しませんでした。

　私はどちらかというと病院嫌い。具合が悪くてもしばらくは自分の力で回復できるようにいろいろやってみます。温めたりさすったりして、とにかく体を休ませ、その間は体が治そうといろいろやっているんだろうなと想像しています。熱を出してウイルスをやっつけようとしたり、悪いものを外に出そうとしてくれたりしているのなら、それを信じよう、様子を見ようって思うんです。でもさすがに自転車で転んで骨折した時はそうもいかず、手術してボルトやプレートを入れてもらいました。今普通に生活できているのはそのおかげです。そして骨折して動けない時に自分でもなにかできる事はないだろうかと探して出会ったのがイトオテルミーです。体を温めて免疫力や治癒力を上げるというもので、たまたま使っている友人が何人かいたのも、やってみようと思うきっかけになりました。使い方は至って簡単。金属でできた筒状の器具に火を点けた棒状の熱源を入れるだけ。疲れがたまっているところや痛みのある部分、そして体全身を摩擦します。好きな時に自分でできて気持ちがいいです。ふわっと体が緩んで軽くなるのを感じます。今では家族全員がするするとイトオテルミーをかけて体を癒しています。

イトオテルミー◆体にぬくもりと刺激を与えることで自然治癒力に働きかけて病気を予防し、疲労回復などを増進させる温熱刺激療法。

確かな製品を通販で

ドモホルンリンクル

　素晴らしい接客とはどういうものでしょうか。最近はどこも顧客のデータを検索したり、入力したりするのが忙しくてゆったり話をしながらの接客がほとんどありません。急いでいるからさっと買物を済ませたい人、時間があるからゆっくり相談にのってほしいと思っている人など、お客さんもいろいろです。真のサービスとは一人一人のニーズを素早く汲み取ってその人に合った接客をする事を言うのでしょう。街へでて服を探すと、店員さんに「私もこれ買ったんですよ！」って笑顔でそう言われても、おそろいかぁ……と気持ちが萎えてしまう難しい時代になりました。どこへ行っても画面ばかり見ている店員さんと判で押したようにくり返される挨拶にうんざりして、ついつい通販を利用する今日この頃。

　そんな時代だからこそ、買いたい時に欲しい商品が手に入り、知りたい情報を得られる通販の利点はとても大きいと思います。再春館製薬所の「ドモホルンリンクル」は通信販売が主流とあって、購入者の知りたい情報がインターネットやカタログなどに分かりやすく提示されています。いつも使用しているのは化粧落しジェルと洗顔石鹸。とにもかくにも外出先から戻ったら、まずは洗顔。くるくると化粧落しジェルでメイクと一緒にいろんな汚れを落とします。何度もこすらなくても、さっぱりきれいにしてくれ、洗顔石鹸を洗い流したあとも気持ちがいいのです。化粧品はいろいろ試したくてあれこれ買いますが、洗顔はずっとこの二つを使い続けています。

　お腹がぺこぺこでも、体が疲れきっていても、この習慣は変わらないほど大事な事なのです。さっぱり顔を洗ったら「今日もお疲れさまでした」と心も体もほっと一息つけて、ようやく一日を締めくくれます。

144

免疫力アップを実感、酵素はすごいパワーを秘めています

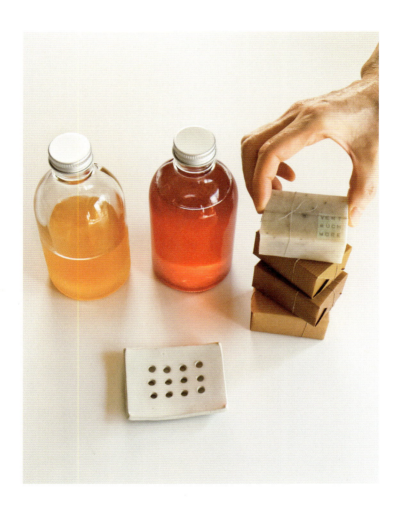

酵素シロップと石けん

　酵素シロップを仕込んでいる写真をたまたまブログで見かけたのは数年前。シロップを仕込んでいる美しい瓶の様子やその効果を読んで、これはただならぬエネルギーを持っているとピンときて、飲んでみたい！ と早速行動に移しました。まず旬な食材で美味しいものを作る食いしん坊の料理家、たまちゃんに相談。たまちゃんが長年作り続けている美しい保存食作りにも通じるものがあると思い、「免疫力アップがすごいみたい」と説明すると、「やってみましょう」と力強い返事が返ってきました。そして自ら酵素シロップの本を出しているグラフィックデザイナーの杉本雅代さんに連絡して、ギャラリーでワークショップをお願いしました。この酵素シロップを飲み始めてちょうど二週間経った頃、いつも髪を切ってくれているヘアメイクアップアーティストのくじらちゃんが、「カーリン、なにかやっていますか？」って。髪質が以前切った時よりも驚くほど改善されていると言うのです。こうやってなにかいい変化が実感できると嬉しくて続けようと思いますよね。本当は自分で作り続けるのが一番なのですが、私は春と秋にたまちゃんに作ってもらい、飲んでいます。お風呂上がり、老いてきたターセンの背中に張りが戻ってきたり、かかとがすべすべになったり、飲み続けていたらいろいろ嬉しい変化がありました。また、杉本さんのお友達で石けんを作っている「very much more」の浅野さおりさんの酵素入り石けんを使った時は驚きました。きめ細かい泡、やさしい洗い上がり、手にある大切な常在菌を落とし過ぎず、でもさっぱりきれいになる爽快感。それぞれ作るものにお人柄が表れていて、本当に気持ちのいいものに出会えるしあわせをかみしめています。

体も心も鍛えるエクササイズ

『Every Body is Beautiful』ロン・フレッチャー、アラン・イーバート著　万来舎／川名昌代訳（左）
『CONTROLOGY』ジョセフ・H・ピラティス著　万来舎／川名昌代訳（右）

ピラティス

　小学6年生の時、学校で健康優良児として表彰された事があります。まわりに迷惑をかけたくないと思っていたからなのか、よく子供の時にかかるはしかや水ぼうそうにはまったくかからずに大人になりました。そして結婚したとたん気が緩んだのか、いろんな病気にかかりました。これまで私が、ほとんど病気や怪我をしない健康優良児だった事を知るターセンは、その変わりようにさぞ驚いた事だと思います。どうしてこんなにも病気や怪我が多いのか私にもなんだか訳が分からず、とにかく元気を取り戻したい一心でサプリメントを飲んだり体を動かしたり、いろいろなことを試していたらすっかり健康オタクになってしまいました。

　その中から選りすぐり、今も続いているのが気功、鍼、イトオテルミー、ホメオパシーなどの自己治癒力を高めるものと、運動系のピラティス。ピラティスとは体本来の正しい使い方を学ぶというもので、呼吸の仕方や筋肉の動きをコントロールして、体の動作一つ一つの意識を高める事で集中力や耐久力を高めて行きます。体以上に頭も使い、できなくてもいいからイメージする事、間違った動きでやった感を求めない事がとても大切です。このピラティスとの相性はよく、なかなか手強いエクササイズですが、少しずつ整ってきた姿勢や呼吸など、体が変わってきているのを自覚できて本当に嬉しいです。ピラティスの第一人者である川名昌代先生に指導していただいている事も続けられている要因だと思います。川名先生が翻訳された2冊の本はピラティスの神髄を学ぶ事ができます。いつも自分の軸を明確に体感し、立ち位置を理解して、くよくよしないまっすぐな私を目指したいと思っています。

一日のスタートはいい香りに包まれて

入浴剤

　お風呂に入るのはたいてい朝です。朝ご飯を食べて新聞を読んだり、ささっと玄関を拭いたりしたあとにゆっくり湯船につかります。今日の予定を頭の中で組み立てつつ、着て行く服や夕飯の献立を考えるなど、一日を始める中で重要な時間です。お風呂に入ると血の巡りがよくなるせいか、いいアイデアが浮かぶことが多いです。例えば次の展示はどんなことをやろうか、ワークショップと絡めたイベントをやってみたいな、子供が生まれたあの人にあれをプレゼントしたら喜ぶかな？　など、公私にわたっていろいろ思いつきます。

　そして湯船にお湯をためながら入浴剤を選ぶのも楽しみの一つ。すっきりした柑橘系、リッチなローズやザクロの香り、夏の暑い時期にはミントもいいですね。最近ではお店に行くと入浴剤のコーナーが充実しているので、いろいろ買っておくといい気分転換になります。「サンタ・マリア・ノヴェッラ」のザクロの香りのバスソルトは異国情緒たっぷりのエレガントな香りで、旅先にいる気分が味わえます。奈良にある「くるみの木」のオリジナル入浴剤は生薬がたっぷり入っていて、袋をもみほぐしながらエキスを最後まで絞り出して使います。そうすると体の芯から温まってぽかぽかします。

　お風呂は最後にでた人が水滴を拭き取る事にしているので、特別にお風呂掃除はやりませんが、2〜3カ月に一度、水回りを掃除のプロに頼んでいます。こざっぱりいつも清潔な浴室で毎朝気分をリフレッシュ。遠くへ旅をしなくても気分転換になります。

サンタ・マリア・ノヴェッラ◆イタリアのフィレンツェに今も当時の趣を残してたたずむ世界最古の薬局。

ほのかな香りで潤いましょう

ハンドクリーム

　かおりという名前だからなのか、戌年だからなのか、「鼻」と「耳」がよく利きます。キンモクセイの香りには誰よりも早く気がつくし、ターセンが帰ってきた音には我が家の犬よりも早く反応できます。においの感じ方は人それぞれ違うので、誰もが好むにおいというのはとても難しいです。蚊取り線香の香りも懐かしくていい香りだと思う人と、くさくてたまらないという人がいます。その時に好きだなぁと気に入っても、一日中かいでいるとうっとうしく思えたり、季節や時間、体調によっても感じ方は変わったりしますよね。その時は気に入って買ったオーデコロンなのに使ってみたら失敗だったと反省することもあります。

　だから最近はにおいが比較的強くない、適度に長持ちするハンドクリームで香りを楽しむ事にしています。特にシスレーのボディローション「オードゥ カンパーニュ」は大好きな香り。直訳すると「田舎の水」。それは森や教会など、自然の中で安らぎを与えてくれるような風景を想像させる香りです。香りを楽しむだけではなく、マッサージ感覚で手に馴染ませるようにつければ、しっとりした肌にもなり一石二鳥。ハンドクリームとしてなら手を洗えば消えてしまいますし、たくさんつけてもそんなに香りが長続きしません。休憩のあとにこれをつけてギャラリーにでて人と会うと、必ず「わ〜 いい香り！」って言われるんですよ。ほかにもAēsopの「レスレクション ハンドクリーム」や私の好みをよく知る友人が作ってくれたラベンダー入りのハンドバームなど、自分の好きな香りを素直に選んでいます。鼻の位置は脳と近いので、鼻から吸って感じるいいにおいにはリラックスやリフレッシュの効果が早くでるそうです。

　自分にとっての「いい香り」をいくつか持っていれば忙しい一日もうまくリセットする事ができて、乗り切る事ができます。

食べられる素材だけでできている歯磨き粉です

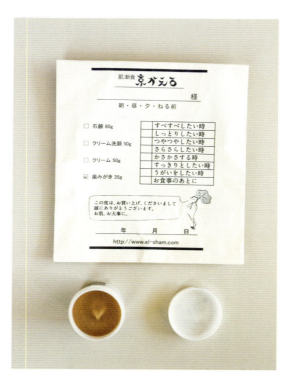

電動歯ブラシと歯磨き粉

　朝起きて一番にやることは、歯を磨く事よりも先に舌の汚れを落とすこと。ブラウン　オーラルBの電動歯ブラシの付属パーツとして付いていた、舌の汚れを落とす専用の器具を使います。舌の掃除はなんとなく始めた習慣でしたが、インドの伝統医学「アーユルヴェーダ」の教えでもそうするのだそうです。

　うがいは焼き塩を水に溶かしたものでします。この焼き塩は酸化を防いでくれるほか、とても大切なマグネシウムやカリウムがたくさん含まれていて、殺菌効果はもちろん、すっとのどの通りがよくなる気がして使い続けています。塩分の取り過ぎがよくないと言われがちですが、案外塩が足りてない場合もあるようなので適度な量は摂取したほうがよいのかもしれません。

　それから犬の散歩で朝日をたっぷりあびて朝食を食べ、そのあとに歯磨きです。我が家で使っている歯磨き粉は、その名も「かえる歯磨き」。面白い名前ですよね。この歯磨き粉を作った方は、末期の肝臓ガンを自己治癒力で治す石原メソッドで完治されたムラキテルミさん。完治しても痒さに悩まされていたところ、知り合いにお土産でいただいた自家製の石けんで治まりました。その効果に感動して商品化することになり、これと同じ生薬から歯磨き粉やクリームも作られました。

　使っていた歯磨き粉に満足していなかった私は早速取り寄せてみることに。そして使ってみたらなんて清々しいんでしょう。36種類以上の生薬と天日塩が配合された歯磨き粉は、変なものが一切入っていない事をすぐに体で感じられました。それに加え、口内炎に塗れば薬のようにも使えるんですよ。この電動歯ブラシと「かえる歯磨き」は、間違いなく私の一生物です。

元気に澄んだ声は好印象

のどスプレー

　風邪を引く時のパターンって毎回同じだったりしませんか？　私は必ず弱いのどから風邪を感じます。なんとかひどくなる前に食い止めたく、プロポリスやイソジンでうがいをするなど、本当にいろいろな予防方法を試してきました。なにしろ早く対処する事がとっても大事。やろうと思っていたのに……と考えていたらあっという間にどんどん症状が進んでしまいます。だから手軽なスプレー式のものを事務所や自宅に常備して「あれ？」っと思ったらすぐに使っています。特に愛用しているのは植物エキスがたっぷり配合されたシナリーの「エコル　フレッシュローションＤ」とブラジルナイール社の「高品質プロポリススプレー」。エコル　フレッシュローションはのど専用ではなく、全身のリフレッシュや日焼け跡などに使われるローションなのですが、のどにもいいと聞いて吹きかけてみると私には一番合っていました。5、6回スプレーすると、のどの嫌な感じがすっと消えていつもの調子に戻ります。高品質プロポリススプレーはプロポリス抽出液にハチミツや蒸留水などを加えたもので、特に乾燥している時に使っています。

　話していて楽しいなぁって思える魅力的な声を目指すためにはのどのケアはかかせません。以前、大きな声を出してみたいと何年かボイストレーニングに通った事があります。その時、人間の体は一つの楽器で、のどだけではなく頭や目、鼻、口など、全てを使って声を出している事を知りました。こんなにも素晴らしい機能があるのに使いこなせていなかったんだと体に申し訳なく思った記憶があります。はっきりと分かりやすく話したり、明るい声を出したり、いつまでも話してたくなるような素敵な声ってありますよね。少しの訓練で驚くほど変わるので、意識して声を出すように心がけてみて下さい。

かわいくするだけじゃない、相手の気持ちを大切にするヘアカット

ヘアメイクのくじらちゃん

　美容師になってすぐにロンドンで働いていた友人のたくちゃん。当時、ハイブランドの有名デザイナーの髪を切ったことがあるというのが自慢でした。「明日、久し振りにサーフィンなんです」「こんな寒い時によくやるね」という会話を最後に帰らぬ人になって本当に途方に暮れていました。

　日本一美容院が多いと言われる吉祥寺ですが、気心知れていて、あうんの呼吸で毎月髪を切ってくれる人とはそうそう出会えません。そんな中、ギャラリーを始めた縁で紹介されたのが美容師でヘアメイクアップアーティストのくじらちゃん。そのニックネームからも、まるでたくちゃんが海から助けをつかわせてくれたみたいな出会いでした。くじらちゃんはいつかハリウッドで仕事がしたいと東京で腕を磨き、髪を切る事は人と深く関わり人を癒す仕事でもあると、聖書の勉強のためにカナダへ留学したり、日曜日の教会へかかさず通ったりする真面目なクリスチャン。カットだけじゃなくてメイクやヘアスタイルの的確なワンポイントアドバイスで、切ってもらった人は確実に三割増しでかわいくなります。その見事な魔法で、これまで何度となく緊張する取材を助けてもらった事でしょうか。髪を切り終えて取材準備が整い、ほっと一息ついていると、「カーリン、今日のためにお祈りさせてもらっていいですか」って。お祈りが終わる頃には緊張もほぐれ、これまで心配だった事も、「大丈夫なんとかなる」って思えてきます。人に助けられ、人に支えられてなんとかやってこれた事に改めて感謝の気持ちを感じさせてくれるくじらちゃんの仕事です。

結婚

　四人姉妹の四番目。三人の姉たちとは父親が違います。三人の娘を残して夫に先立たれた母が私の父と再婚したという訳です。姉といっても一番年が近くて13歳の差。一番上の姉は父より年上の人と結婚したので、家族全員がそろうと誰がどんな間柄なのかさっぱり読めないおかしな集団でした。だからなのか、家族で囲む暖かい食卓、兄弟喧嘩をたしなめられたり、背比べのキズが柱に残っていたりするあたり前の事や普通という事に、人一倍あこがれていたと思います。これはもう自分で作るしかないなと早くから思っていた記憶があるくらいです。

　だから結婚もすごく早く20歳で！ 東京から転勤で福岡にきていたターセンと知り合い、そしてある日突然のプロポーズ。私は思い切って一歩を踏み出してみました。足りてなかったものを補うかのような私の巣作りに、思い返すと夫も子供たちも本当に協力してくれたなって感謝しています。案外帰れる実家がないのはいい事だったかもしれません。

　人生にとってなにがいいとか悪いとかは本当に分からないものなんです。言っても無駄だとクールな鎧を着ていた私に、人間には言葉という素晴らしいツールがあるんだから、話して話して、理解し合おうとくり返し言ってくれたターセンのおかげでもあります。子供たちにもそれぞれ反抗期や思春期の難しい時期もありましたけど、正しいとか間違っているという事じゃなく、自分の気持ちや思いをそのつど真剣にぶつけ合ってきた気がします。そして子供たちもそれぞれ自分の家族を作る年令になりました。これまで以上に彼らの気持ちや決断を尊重したいと現在、自分自身に再確認中です。

　遠い昔、大人たちの顔色をうかがっていい子を演じていた私ですが、子供たちとターセンと家族の時間を重ねた事でいろんな荷物をおろす事ができました。家族って、結婚って、本当にいいものですよ。

5章

贈りもの

食べて美味しいとみんなにも食べてもらいたくなるし、
使っていいとみんなにも使ってほしくなります。
会話の中でその人が好きなものや探しているものなど
たくさんのヒントがちりばめられているので、
日頃から記憶のポケットにストックしておきましょう。

簡単にスマートにできる道具の手入れ

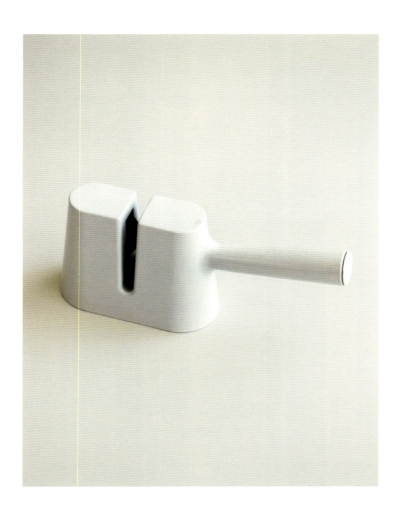

包丁研ぎ

　包丁とか、ハサミとか、自分で手入れが難しい道具は結構あります。以前は切れなくなると包丁を研いでくれる専門の人に出していましたが、その間は包丁が使えなくなる不便さがありました。そして達人は触れるだけで怪我をしそうなくらい研いでくれるので、それはそれで怖くもありました。

　そんな時に見つけたのがマーガレットハウエル ハウスホールドがセレクトした包丁研ぎ。スタイリッシュなデザインで台所に出していても問題ありません。ちょっと切れ味が落ちてきたなと思ったら溝にスッスッスと10回ほど行ったりきたりさせて研ぎます。みじん切りの途中でも、千切りの途中でも、さっとすぐに研ぐ事ができます。本当に頼りになります。これは一人暮らしを始める人、結婚が決まった人へのプレゼント。今日の夕飯なーに？とのんきに聞いていただけの実家暮らしに区切りをつけて、手に入った自由とは比べものにならないほどに多い家事雑事。家をでたからにはなんでも自分でやらねばなりません。中でも一番大事なのは食べる事。体は食べたものでできています。平日は忙しくて外食でも、週末は簡単な料理から作ってみましょう。季節の野菜を蒸したり焼いたり、美味しいお塩でいただけば、ほら、体の中から元気になってきます。炊きたてのご飯にちょっとフンパツしていい卵を買って、卵かけご飯に。お豆腐にしらすをのせ、レモンとオリーブオイルをかけてサラダ風に。

　嬉しいな、楽しいな、美味しいなを増やしていけばしあわせになる事間違いなしです。

あたたかくていい香りは安眠の相棒です

中川糸子 ◆ 布物作家、ディスプレイデザイナーを経て、得意な裁縫を生かし、暮らしまわりの布作品を制作。現在はバッグを中心に個展や書籍に出品している。

アイピロー

　トランプなど、勝ち負けがはっきりするゲームが苦手です。自分が勝ち続けるとどうも居心地が悪くなってしまうから。あぁ、あの人負けてばかりでつまらなそうにしているなって、気になってしょうがなくなります。子供たちが小さい頃、ゲームでも本気の真剣勝負で相手を泣かしてまで勝ちに行くターセンに心底驚きました。おかげで子供たちは鍛えられましたが。私のほうは、みんなが楽しんでいるかな、食べ物は足りているかなと、気を配る性格なので一日の終わりはいつもへとへとです。ベッドに入っても一人反省会が始まって、明日の事を考え始めたら頭の中がチカチカしてきて、いつの間にかネオン街になってしまいます。

　チクチク針仕事が得意な中川糸子さんが作るアイピローを展らん会で知ってから私の夜にかかせないものになりました。使う前から癒されてしまう外袋のイラストは、中川さんのお子さんが小さい時に描かれた絵をそのままプリントしたそう。内袋の中にはオーガニック玄米とラベンダー、ジャーマンカモミールのハーブが入っていて、眠りを誘う香りが漂います。電子レンジに入れて温めてから首の後ろやみぞおちに当て、最後に目に乗せて眠りにつきます。

　手に余る自分の性格とともに半世紀が経ち、いろんな人やものに助けられてきました。たくましくて豪快な人生を生きてみたかったなぁと思う時もありますが、ギャラリーでいろんな人と知り合って作家さんと一つの展らん会を作っていると、彼や彼女が生きてきた人生を見せてもらう事になります。みんな一生懸命生きていて、それぞれ違っているから面白いなと心から楽しめるようになりました。そんないろいろな事を考えながら、「今日も一日お疲れさま。そしておやすみなさい」。

154

一生手離さない安心肌着

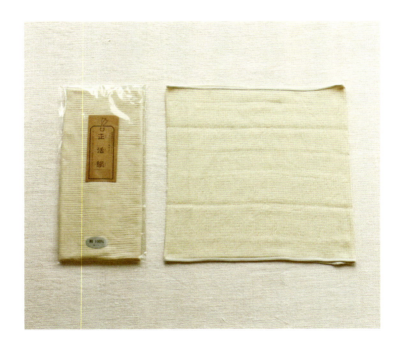

腹巻き

　365日腹巻きを着用しています。冬だけではなく夏でも冷房などで体が冷えてしまう事があるので、季節に関係なく着ています。お腹を温めて腰をささえてくれていると、それだけで守られている安心感があります。この習慣を続けてから風邪を引きにくくなり、緊張感が緩み、気持ちも楽になった気がします。

　お気に入りは「正活絹」のシルク100％の腹巻き。勝負下着とは無縁な人生。「気持ちいい」と「体にいい」を追求します。フィットするつけ心地とか、着る服の邪魔をしない薄さとか、引き出しに収まる様子とかいろいろこだわって試した結果、この腹巻きが一番でした。雑誌の取材を受けたりすると、なんとなくという説明では済まされなくて、どうしてこれを選んだのか深く考えるようになります。そうやって聞かれる事に答えていくと自分の好きが明確になっていって、育った環境や見てきたもの、感じた事の積み重ねが今の自分を作っていると再確認できて本当に面白いです。その成果なのか、腹巻き一つでも十分深い話ができます。

　最近、よく風邪を引くとかお腹の調子が今一つと言っているのを耳にすると、その人に腹巻きをプレゼントします。効果を実感しているので、街で背中やお腹を出している若者にも使ってみてと配りたいほどです。おせっかいだと分かっていても、贈った相手から「なんだかいい感じです」って報告をもらうと一日中嬉しくなります。

　いろいろ便利になってきた現代の暮らしでも、昔からあるもので快適に過ごせる方法はいっぱいあります。過酷な現代の暮らしだからこそいろんな工夫で快適に乗り切りましょう。

正活絹◆冷えとり健康法の第一人者である進藤義晴先生が監修された重ね着専用の下着。体を温めるだけではなく、デットクス効果もある。腹巻きのほか、靴下もある。

華やぐ色で育児を応援

ベビーキルト

　鮮やかなマリメッコやヴィンテージ生地をパッチワークして作ったベビーキルトは、私の出産祝いの定番です。一説によると一回の妊娠出産は五年間の肉体労働にも匹敵する重労働なのだとか。なので贈りものをする時は、おめでとうのお祝いと、お疲れさまと頑張れ！の気持ちも一緒に込めます。キルトを作ってくれる大阪のインテリアショップ「dieci」の配色や柄あわせは絶妙で、子供が成長しても使い続けられます。色はオーダーできるので好みの色で注文してもいいと思います。私のおすすめは明るくて鮮やかな色。色が明るいとそれだけで気分が華やぎます。裏面のシリアルナンバーの刺繍もポイントです。

　子供はかわいいけれど、二時間おきの授乳やおむつ替え、収まらない泣き声にこちらまで泣きたくなります。そして今まで普通にできていた喫茶店でお茶をしたり、映画をみたり、買い物にでかけたりといった事が突然できなくなってしまうのです。最近、育児に参加するお父さんがあたり前になってきたのは本当にいいことですね。少しでも時間が空いた時はベビーキルトの上で赤ちゃんと一緒にお昼寝して下さい。広げたその場所がぱっと明るくなっておむつ替えも楽しくなります。これまでもう20枚は贈ったような気がします。そしてみんなベビーキルトの上で撮った赤ちゃんの写真を送ってくれます。

　私はこのキルトをいつも手元に2枚は常備。男女に関係なく贈れる配色をリクエストしてオーダーしておきます。贈りものはやっぱりタイミング。ラッピングの紙やリボン、カードもそろえてスマートに贈りましょう。結婚も育児も大変だけど、それ以上に楽しい事、嬉しい事もたくさんあります。みんなでお母さんたちを応援しましょう。

どの家にも馴染む愛らしいデザイン

木下宝さんのピッチャー

　注ぎ口があるだけなのにコップと違った趣で、なんとも愛くるしい働きもの。日本酒やワインを入れてもいいですね。ミントの葉をたくさん入れたミント水、ドレッシングやソース、もちろん花瓶にも最適です。いろいろ使えるので、いくつあっても困らないアイテムですよね。コロンとしたフォルムがかわいらしい木下宝さんのピッチャーは、どんなインテリアにも合いそうなので自信を持って贈れます。

　ガラスは大好きなマテリアル。作品は作家さんそれぞれの個性がでますが、共通するガラスの透明感でどれを合わせても仲良くまとまるから不思議です。光が入るところに並べれば、中身が入っていなくても立派なオブジェになります。

　贈りものは自分で使ってよかったとか、便利だった、美味しかったって理由で選びますが、本当のところ喜んでもらえたか心配なものです。でもある時から割り切りました。私があげたくて贈ったプレゼント、お返しもいらないし、もし好みじゃなかったら次の人に渡して下さいねって。そしたらすごく気楽になって、ちょっとした贈りものを渡すのが、がぜん楽しくなりました。

　だいたいなんでもぱっとなくなる潔さが信条なので、美味しいものもたくさん取り寄せてみんなに分けます。ターセンがもう一度食べたいと思っても、もうないって事は日常茶飯事。それからちょっとした会話のなかで「これ大好き」と聞いたものを記憶のファイルにしまうのが得意技。私もターセンにたくさんのメッセージやヒントを日常にちりばめているんですが、いまだその成果は形になっていません。ま、誰にでも得手不得手はあるものです。

木下宝　◆ガラス作家。透明感があり、シンプルで使いやすいデザインが特徴。

子育て

　子育ての事を考えるとチクリと刺さったままの棘の痛みを思い出してごめんなさい！って謝りたくなります。21歳で息子を23歳で娘を産んで、まさに子供が子供を育てるような本当にメチャクチャな子育てでした。転勤先のサンフランシスコで流暢に過去完了形など使って話す息子を帰国後インターナショナルスクールへ入学させようと面接に行くと、目に大粒の涙をためて英語の人はキライと言うではありませんか。あんなに幼稚園楽しそうだったのに？あんなに上手に英語話してたのに？と不思議に思いました。その後彼は一言も英語を発することはありませんでした。

　それなのに大人になって選んだ留学先はサンフランシスコ。「あの時泣いたぐらいでやめさせる事なかったのに」なんて言いながら6年も滞在するんですもの、面白いですよね。きっと自分で人生の上書きをしに渡米したのでしょう。

　娘は夜や暗闇をとっても嫌がって、なにが怖いのか聞いてみると寝ている間に手がにゅっとでてきてさわられそうだからって言うんです。それもそのはずです。50日も早く生まれてきてそれからひと月は小児病院の保育器の中。消灯後の暗闇で左右からにゅっと手がでてきた事でしょうから。

　でもそうやって二人とも自分の気持ちを言葉にしてくれたから、そんな事と軽く流したりせずにしっかり受けとめる事ができて、家族の信頼関係が築けたのかもしれません。これまでいろんな事がありました。でも時間が解決し、笑って話せる時がくるものなのです。

よく私のところへ生まれてきてくれたなぁと世界の誰よりも私の事を許してくれている彼らに感謝の気持ちでいっぱいです。本当にありがとう。

掲載した商品・作品の問い合わせ先

P10-11
● 四角い琺瑯容器※生産終了
倉敷意匠計画室
https://www.classiky.co.jp

P12-13
● SPOONFULの黄色いボウル
SPOONFUL
http://www.spoon-ful.jp

P14-15
● リネンのクロス
オールドマンズテーラー
0555-22-8040

P16-17
● ガラスの脚付きケーキ台
CINQ
東京都武蔵野市吉祥寺本町 2-28-3
グリーニィ吉祥寺1F
0422-26-8735

山野アンダーソン陽子（脚付きプレート）
http://www.yokoyamano.com

P18-19
● かご（1 大分 白竹 正方形バスケット、2 鹿児島 真竹 みがきかご、3 福島 やまぶどうかご）
世界のかご カゴアミドリ
東京都国立市中1-15-6 国立菅野ビル2F
042-507-9087

P24-27
● 白い器
岡田直人
promenade
東京都武蔵野市吉祥寺本町2-18-7 2F
0422-27-2865

岡澤悦子
10cm
長野県松本市大手2-4-37
0263-88-6210

鹿児島睦（P34-35）
http://www.makotokagoshima.com

P28-29
● 万能ハサミ（ボンドフリー 長刃）
長谷川刃物
岐阜県関市肥田瀬3664-2
0575-22-1511

P30-31
● 雲棚
ここかしこ
http://kokokashiko.jp

P32-33
● 消臭富士山（DEOLY Fuji）
モットイイ
http://www.motto-e.co.jp

P36-37
● セブン-イレブンのシンプルなBOXティッシュ
（セブンライフスタイル ラグジュアリ ソフトティシュ）
セブン-イレブン・ジャパン
東京都千代田区二番町8-8
03-6238-3711

P38-39
● イイノナホのkamisama
イイノナホガラスガーデン
http://info.naho-glass.com

P42-43
● イケアの特大キャンドルフォルダー
（POMPブロックキャンドル用ランタン）
イケア・ジャパン カスタマーサポートセンター
0570-01-3900

P44-45
● スタンダードトレードのチェスト
スタンダードトレード
東京都世田谷区玉堤2-9-7
03-5758-6821

P46-47
● タミゼの古いお皿
antiques tamiser
東京都渋谷区恵比寿3-22-1
03-6277-2085

P48-49
◎ 斉藤衛さんのロースツール
（ロースツール1199）
斉藤衛 家具工房
http://www.msaitostudio.com

P50-51
◎ タオル（フェイスタオル）
パーク ハイアット 東京
http://shop.parkhyatttokyo.com

P52-53
◎ 安眠ベッド
◆ スノコ状のベッドフレーム（スリットベッド）
家具工房＆ギャラリー 生活アート工房
石川県小松市軽海町ソ58-1
0761-47-8488

◆ マットレス（［エアーSI］マットレス）
東京西川（西川産業）
03-3664-3964

P54-55
◎ 額装の絵
トラネコボンボン
http://toranekobonbon.com

P56-57
◎ ライト（pane）
flame
http://www.flame-product.com

P58-59
◎ 花束
ジェンテ
東京都武蔵野市吉祥寺本町2-18-7
0422-27-2688

P68-69
◎ ワンピース
chloro（クロロ）
http://www.sidetail.com/chloro-index

P70-71
◎ 帽子
◆ ヘレンカミンスキー六本木ヒルズ店
03-5410-1211

◆ cœur（ペーパークロス ツバ広ハット）
ジュイエ
http://www.coeur-femme.com

◆ 45R（こま編みハット）
フォーティファイブアールピーエムスタジオ
www.45rpm.co.jp

P72-73
◎ 靴
◆ eb・a・gos
Madrigal
http://www.madrigal.jp

◆ R.U.
d'antan
http://www.def-company.co.jp/dantan

P74-75
◎ 春夏 秋冬のハンカチと香り
◆ リネンのハンカチ
オールドマンズテーラー
0555-22-8040

◆ ハッカのスプレー（ハッカ油スプレー）
北見ハッカ通商
http://www.hakka.be

◆ ドットの柄ハンカチ
MARGARET HOWELL HOUSEHOLD GOODS
http://www.margarethowell.jp

◆ Bio Perfumeアンティークローズ スプレー
MOONSOAP
http://www.moonsoap.com

P76-77
◎ ジャケットとコート
◆ ジャケット
オールドマンズテーラー
0555-22-8040

P78-79
◎ J＆M デヴィッドソンのベルト
J＆M デヴィッドソン 青山店
東京都港区南青山5-3-25
03-6427-1810

P82-83
◎ 靴のネックレス
スクランプシャス
http://www.scrumpcious.net

P86-87
◎ 野上さんのストール
Roundabout
http://roundabout.to

P88-89
○キャンバストートバッグ（Lサイズ）
tamiser kuroiso
栃木県那須塩原市本町3-13
0287-74-3448

P90-91
○ニューバランス（1400）
ニューバランス ジャパンお客様相談室
0120-85-0997

P92-93
○マチ子さんのパンツ
A-materials
http://www.a-materials.com

P94-95
○白クマトート
ギャラリー fève
http://www.hikita-feve.com

P96-97
○靴下
◆アンティパストの靴下
クープ・ドゥ・シャンピニオン
http://www.antipast.jp

◆ファルケの靴下（RUN）
Bshop
http://www.bshop-inc.com

◆十字模様の靴下
minä perhonen
03-5793-3700

P98-99
○パジャマ（写真上）
MARGARET HOWELL HOUSEHOLD GOODS
http://www.margarethowell.jp

P100-101
○春夏 秋冬のアンダーウェア
◆春夏（Pants）
手式
http://www.teshiki.com

◆秋冬
（オーガニックコットン ショーツ/スター レッド）
me, myself, and I
http://www.dreaming-of-hotelbabylon.jp

P106-107
○調味料いろいろ
◆だし醤油
鎌田商事
香川県坂出市入船町2-1-59
0120-46-0306

◆マルフーガのオリーブオイル
shop281
東京都世田谷区玉川田園調布2-8-1
ケヤキガーデン
03-3722-7279

◆ジャッキのオリーブオイル
（ジャキ プリモリオ）
Casa dell'Albero
http://casadellalbero.jp

◆ロロロッサのレモン塩
イタリアン野菜ロロロッサ
http://lollorossa.jp

◆マルピーギ社の白バルサミコ
（バルサモ・ビアンコ）
チェリーテラス
http://www.cherryterrace.co.jp

◆お手間とらせ酢
（雑賀 万能調味酢（だし酢）お手間とらせ酢）
九重雑賀
http://www.kokonoesaika.co.jp

P108-109
○野菜の配達（野菜塾の宅配セット）
やさい塾
http://www.yasaijyuku.com

P112-113
○お茶いろいろ
◆太田さんの無農薬紅茶（うれしの紅茶）
太田重喜製茶工場
http://www.sagaryo.co.jp

◆ただにしき
不二農園
静岡県裾野市桃園198
055-992-0213

◆ファーリーブスティー
オールドマンズテーラー
0555-22-8040

◆グレープフルーツ
（グレープフルーツ 緑茶）
ルピシア
0120-11-2636

◆SONNENTOR（守護天使のお茶）
おもちゃ箱
http://www.omochabako.co.jp

P114-115
●山本道子さんのプラム
（プラムの赤ワイン煮）
山本道子のお店
東京都千代田区一番町27
03-3261-4883

P116-117
●おにぎりの具材
◆かるべけいこの鉄火味噌
食のアトリエかるべ
熊本県阿蘇郡南阿蘇村河陰1172
0967-67-2543

◆小松こんぶ
御所雲月
京都府京都市上京区寺町通今出川下ル二筋目角
075-223-5087

◆大根葉ふりかけ
川本昆布食品
福井県敦賀市鳩原21-1-9
0120-22-4761

P120-121
●かえるちゃんのカステラ
かえる食堂
http://www.kaeru-shokudou.com

P122-123
●tatinのチーズケーキ
（Gateau au Fromage full、half）
atelier tatin
http://tatinweb.com

P124-125
●バナナケーキ
ポチコロベーグル
東京都杉並区西荻南2-22-4 2F
03-5941-6492

P126-127
●シフォンケーキ（ホールサイズ）
foodmood
http://foodmood.jp

P128-129
●パンケーキミックス
ダンディゾン
http://www.dans10ans.net

P130-131
●made by 姉
M'sキッチン瓶詰め
（ブルーベリージャム、きんかん甘露煮）
B・B・B POTTERS
福岡県福岡市中央区薬院1-8-8 1F・2F
092-739-2080

P138-139
●マッサージオイル
◆キャロルフランクのマッサージオイル
（アロマドレイン）
KALEIDO JAPAN INC.
http://www.kaleidojapan.com

◆アルガンオイル
john masters organics
http://www.stylaonline.jp

◆WELEDAのボディオイル（ホワイトバーチ）
ヴェレダ・ジャパン
http://www.weleda.jp

P140-141
●イトオテルミー
一般財団法人イトオテルミー親友会
神奈川県川崎市高津区久地2-6-28
044-811-8415

P142-143
●ドモホルンリンクル
（化粧落しジェル、洗顔石鹸）
再春館製薬所
0120-444-444

P144-145
●酵素石けんとシロップ
◆酵素シロップ
杉本雅代
http://cofworks.com

◆酵素石けん
very much more
http://verymuchmore.jp

P146-147
●ピラティス
PILATES BODY CONTROLOGY STUDIO
http://www.fletcherpilates.jp

P148-149
◦入浴剤
◆バスソルト ザクロ
サンタ・マリア・ノヴェッラ銀座
東京都中央区銀座6-8-17 1F
03-3572-2694

◆天平の薬湯
くるみの木 cage
http://www.kuruminoki.co.jp

P150-151
◦ハンドクリーム
◆オードゥ カンパーニュ ボディローション
シスレージャパン
東京都港区北青山2-12-16 北青山吉川ビル8F
03-5771-6217

◆レスレクション ハンドバーム
Aēsop
http://www.aesop.com

P152-153
◦電動歯ブラシと歯磨き粉
◆ブラウン オーラルB
http://oralb.braun.co.jp

◆かえる歯磨き（[歯ぐきも]歯みがき）
エル・シャン
http://el-sham.com

P154-155
◦のどスプレー
（エコル フレッシュローションD）
シナリー
0120-200-661

P156-157
◦ヘアメイクのくじらちゃん
BALLENA
http://ballena.tv

P160-161
包丁研ぎ
MARGARET HOWELL HOUSEHOLD GOODS
http://www.margarethowell.jp

P162-163
◦アイピロー
中川糸子
http://www.itoko-design.net

P164-165
◦腹巻き
（絹腹巻（シルク100％）「シングル」サイズ【王活絹】）
スイートサイト
http://www.naturalwear.jp

P166-167
◦ベビーキルト
dieci
http://www.dieci-cafe.com

P168-169
◦木下宝さんのピッチャー
ラ・ロンダジル
東京都新宿区若宮町11 麻耶ビル1F
03-3260-6801

＊掲載商品は2015年2月現在の情報です。すべて著者の私物で、商品の一部は現在販売、生産を終了しているもの、デザインを変更しているものがあります。あらかじめご了承ください。
＊商品の一部はオーダーなどで注文したものも含まれており、現在購入できない場合もあります。
＊現在販売されていないもの、購入できないものなど、一部問い合わせ先を掲載していないものもあります。
＊（　）内は製品名になります。

引田かおり
吉祥寺にあるギャラリーfèveと
パン屋ダンディゾンのオーナー。
2003年にギャラリーをオープンして以来、
毎日の暮らしが素敵になるさまざまな展示、販売を行なっている。

ギャラリー fève（フェブ）
東京都武蔵野市吉祥寺本町2-28-2 2F TEL 0422-23-2592
12:00-19:00 定休日：水曜 ※展らん会開催中以外は休廊
http://www.hikita-feve.com

ブックデザイン	縄田智子 L'espace
撮影	山本ゆりこ（P65、134-135、156以外）
写真加工	森田ひさみち
校正	西進社
編集	櫻岡美佳

私がずっと好きなもの

2015年3月3日　　初版第1刷発行
2015年4月30日　　　　　第3刷発行

著　者　引田かおり
発行者　中川信行
発行所　株式会社 マイナビ
　　　　〒100-0003 東京都千代田区一ツ橋1-1-1 パレスサイドビル
　　　　TEL 048-485-2383［注文専用ダイヤル］
　　　　TEL 03-6267-4477［販売部］
　　　　TEL 03-6267-4403［編集部］
　　　　URL http://book.mynavi.jp

印刷・製本 シナノ印刷株式会社

○定価はカバーに記載してあります。
○乱丁・落丁本はお取り替えいたします。
お問い合わせは、TEL：048-485-2383［注文専用ダイヤル］または、電子メール：sas@mynavi.jpまでお願いいたします。
○内容に関するご質問等がございましたら、往復はがき、または封書の場合は返信用切手、返信用封筒を同封の上、出版事業本部編集2部2課までお送りください。
○本書は著作権法上の保護を受けています。本書の一部あるいは全部について、著者、発行者の許諾を得ずに無断で複写、複製することは禁じられています。
ISBN978-4-8399-5403-1　C5077
©2015 Kaori Hikita　　©2015 Mynavi Corporation
Printed in Japan